野战运动实务

主编　吴军生　尹大川　王　雷

高等教育出版社·北京

内容提要

本书主要内容包括野战运动渊源与发展，野战运动的身体训练、基本技术、基本战术，野战运动的教学与推广、竞赛与组织，以及野战运动场地的规划与设计。

本书可作为各地野战运动俱乐部工作人员的培训用书、教育部中小学研学旅行营地指导员上岗培训用书，也可作为野战运动、青少年国防教育、户外运动、户外拓展、体育旅游等相关行业从业人员及野战运动爱好者的学习指导书，也可作为社会体育专业学生的教学参考书。

图书在版编目（CIP）数据

野战运动实务/吴军生，尹大川，王雷主编.--北京：高等教育出版社，2019.9

ISBN 978-7-04-051041-6

Ⅰ.①野… Ⅱ.①吴… ②尹… ③王… Ⅲ.①射击运动-高等学校-教学参考资料 Ⅳ.①G871

中国版本图书馆 CIP 数据核字（2018）第 271818 号

野战运动实务
Yezhan Yundong Shiwu

策划编辑 张舒萍 吴佳宁 责任编辑 张舒萍 吴佳宁 封面设计 赵 阳 版式设计 于 婕
插图绘制 于 博 责任校对 刘娟娟 责任印制 赵义民

出版发行 高等教育出版社
社 址 北京市西城区德外大街 4 号
邮政编码 100120
印 刷 三河市春园印刷有限公司
开 本 787mm×960mm 1/16
印 张 11
字 数 190 千字
购书热线 010-58581118
咨询电话 400-810-0598

网 址 http://www.hep.edu.cn
http://www.hep.com.cn
网上订购 http://www.hepmall.com.cn
http://www.hepmall.com
http://www.hepmall.cn

版 次 2019 年 9 月第 1 版
印 次 2019 年 9 月第 1 次印刷
定 价 35.00 元

物 料 号 51041-00

《野战运动实务》审委会名单

主　任: 门东山
副主任: 霍月庆　郑　飞　赵奇胜　刘振兴　孙拥军
委　员: 庞　宇　黄忠立　冯国良(香港)　李家辉(香港)
杨超华(澳门)

《野战运动实务》编委会

名誉主任: 冀运希
名誉副主任: 李相如　杨铁黎　刁铁民　刘汉奇
主任委员: 吴军生
副主任委员: 陈学斌　季伯文　董树林　刘　玮　董伦红
黄　剑　杨　军
编　委: 吴　辰　宋　杰　李　铁　高　航　杨茂林
张振霖　田京文　韩　磊　邱培强　赵　明
邹舒寄　郭金禄　徐亚清　张　超

编务办公室主任: 刘艳霞　尹丽萍
编务办公室成员: 乌日娜　胡　娜

主　编: 吴军生　尹大川　王　雷
动作演示: 修　休　刘梦良　吴　辰
摄　影: 季伯文

前 言

野战运动是一项集智力、体力、娱乐于一体的绿色健身时尚运动。它具有竞技体育激烈、惊险的特点，在休闲体育、国防体育、体育旅游及素质教育等方面有其特有的作用。因其成本低、易于组织，不受年龄、性别限制，与文化和国防教育有机结合等项目特点，迅速成为深受我国大众喜爱的一项新兴健身运动。

野战运动可以模拟真实战场效果，如枪体的后坐力、真实的枪声、抛壳动作、退膛动作、被击中的声音与强烈的被击中感觉等对沉溺于网络游戏的学生群体有着巨大的吸引力。

野战运动在我国发展很快。据不完全统计，截至 2017 年，我国已有 200 多家野战用品生产商，3 000 多家野战运动专业俱乐部（公司），5 000 余支野战运动队，每年有近五千万人参与该项运动。为规范和推进野战运动发展，经国家体育总局社会体育指导中心审定，《中国野战运动竞赛规则（试行）》于 2012 年正式出台。从 2014 年开始举办的中国野战运动冠军赛，至今已经成功举办了四届，得到了社会各界的广泛认同与参与。

当前，不少青少年沉迷于网络、体质水平日益下降，以户外教育理念创立的野战运动有助于激起学生的参与兴趣，不仅可以增强学生体质、提高学生的国防素养，而且可以培养学生主动锻炼的习惯、完善学校体育教学体系。

受经验和水平的限制，本教材的不妥之处，敬请广大读者提出宝贵意见。

编 者

2018 年 9 月

目　录

第一章
概　　论

第一节　野战运动起源与发展

一、野战运动概述

野战运动是参与者手持发射器，利用激光或者塑料弹囊（彩弹、水弹）作为传输介质，在跑动中依靠发射与接收激光或塑料弹囊的方式模拟子弹发射与击中，对结果进行统计分析并在一定时间内完成模拟军事攻防对抗的运动。

野战运动是一项新兴的集体力、智力、娱乐于一体的大众运动项目，它具有竞技体育激烈、惊险的特点，在社会体育、学校体育、国防体育、体育旅游及素质教育等方面有其特有的作用，因而成为广大体育运动俱乐部、国防教育基地、培训公司、特种旅游行业等极为青睐的项目。因其不受性别、年龄、场地、气候等限制，也成为深受广大群众喜爱的一项健身运动。

野战运动也是一项通过户外越野跑、徒步走、射击定向等运动方式，结合军事训练题材，使用全球定位系统、无线数传电台、无线视频传输、激光传感器等多项科学技术手段的时尚竞技体育运动。

野战运动既有竞技体育运动的激烈性，又有军事战场的惊险性、刺激性特点，它适应了当代社会广大群众的活动需求，丰富了全民健身内容。

野战运动项目具有以下特点：

（1）成本低、易于组织。

（2）不受场地、时间限制。

（3）不受年龄、性别限制。

（4）与文化和国防教育有机结合。

（5）培养参加者的团队意识。

野战运动不是简单的体力运动，包含了跑步、跳跃、攀爬、射击、识图等元素，需要手脑结合才能达到运动要求，会对脑神经产生较强刺激，使大脑神经细胞的工作能力提高，神经系统的兴奋性和灵活性得到改善，会显著增强脑细胞的活力。它能直接锻炼人的弹跳力、移动速度、平衡力、耐力和爆发力。野战运动大多在户外进行，对增加肺活量，提高呼吸机能水平有着明显效果，是一项很好的提高身体素质的有氧代谢运动，也是一项能使参加者身心得到充分锻炼的大众体育项目。

二、国内外野战运动发展历程

野战运动的前身是“野战游戏”，也叫“生存游戏”，起源于 20 世纪 50 年代的美国西部。最初从事畜牧业的牛仔们在闲暇时用给牲畜做记号的色弹枪玩要射击，胜者被称为“生存者”，因此产生了生存游戏。在美国，另有一种“幸存者游戏”，这种游戏是几个人去抢一面被人守护的旗。护旗人只要用手触及抢旗人，则意味着抢旗人被击，抢旗人应退出游戏场地。抢到旗而未被触及，即算幸存者。1981 年，美国人 Bob gurnsey 和 Charles caines 首先把色弹枪与“幸存者游戏”相结合，成为当代野战运动的起源。

20 世纪中后叶，美苏进入冷战阶段，为了减少军事演习的伤亡率而引入了生存游戏训练系统，正是这种融合促进了生存游戏的快速发展。许多退伍军人、退休警察、民兵组织相继成立生存游戏俱乐部，带动全民参与生存游戏运动，甚至许多公司运用它来训练自己的员工，进而使得生存游戏在欧美国家风行起来。

在我国，野战运动起初主要以彩弹为介质进行运动。由于我国对仿真枪支管理较为严格，因此研发者从儿童玩的激光玩具中得到启发，以激光为介质的野战运动对抗系统应运而生。该系统保留了发射器的原有外形，将原先的以压缩气体为推动力的击发形式换成发射激光光束，配有激光感应器和接收器，解决了过去彩弹对抗成本高、危险性大、法律风险大的难题。激光对抗系统一经推出，便受到广大野战运动爱好者的热烈欢迎。

为了促进野战运动良性发展，2009 年，国家体育总局社会体育指导中心开始尝试性地在全国推广此项目，并于 2010 年开始，每年举办多期野战运动教练员、裁判员培训班。2012 年 4 月 20 日，由中国野战运动项目推广领军人吴军生，技术专家邢小泉、门东山等起草，并经国家体育总局社会体育指导中心审定的《中国野战运动竞赛规则（试行）》由人民体育出版社出版发行。

为了满足广大人民群众的需求，国家体育总局社会体育指导中心于 2014 至 2017 年成功举办了四届中国野战运动冠军赛。据不完全统计，我国已有 200 多家野战用品生产商，近百家注册的野战运动协会，3 000 多家野战运动俱乐部、5 000余支野战运动队，每年近 5 000 万人参与该项运动，野战运动已成为大众青睐的新兴健身项目。

截至 2018 年，全世界已有 30 多个国家和地区开展野战运动，每年约有一亿人参与此项运动。亚洲地区已有韩国、日本、泰国、马来西亚、菲律宾、澳大利亚等国家开展野战运动。同时，我国港、澳、台地区也相继成立了野战运动协会。

三、野战运动的分类

野战运动按照设备介质分为激光、彩弹、水弹三种（表 1-1-1），本书主要介绍以激光为介质的野战运动。

表 1-1-1　各种介质野战运动设备对比

	激光	彩弹	水弹
弹数限制	弹药数目是根据任务需要而设定的，手动填充数字	开始时有装弹限制，用完后必须再次手工填充	开始时有装弹限制，用完后必须再次手工填充
有效射程	射程 400 米（实战中狙击手的射程）	30 米左右	30 米
创伤危险	无伤、无痛，被击中后会有振动、闪光与声音提示	有创伤，被击中时非常疼痛，会在身体上留下青紫瘢痕	无伤，被击中时非常疼痛，会造成肉体的肿痛
特殊护具	无，可以选配自己喜爱的战斗装备上“战场”，对服装无污染	必须佩戴特殊头盔、防护眼镜，穿防护服，妨碍视线，不能与自己喜爱的装备搭配，对服装有污染	必须佩戴防护眼镜，有时需要戴防护手套等，对服装无污染
射程限制	只要在射程内就能射击	为了防止造成严重创伤，3~5 米内的对象不允许射击	为了防止造成严重创伤，3~5 米内的对象不允许射击
作弊漏洞	电子系统的自动化判定功能保证公平性，一旦生命值为零，枪就无法使用	除非裁判判罚严格，否则作弊现象很常见	作弊现象频繁出现，除非自觉遵守规则，否则很难管理与裁决胜负
环境污染	完全无污染	弹囊与有色染料会造成一定污染	弹丸降解需要时间，会造成一定污染
有关规定	国家体育总局正在规范中，不受相关治安法规制约，可合法开展	按照相关治安法规需要报批	相关治安法规暂未管理

第二节　野战运动前景展望

野战运动在《体育法》《全民健身条例》等法律法规框架下，依托国家体育主管部门支持，充分挖掘运动项目的国防教育、体育旅游、全民健身、职工培训以及军警民兵训练相融合的多元内涵，运用“跨界思维”方式，短短几年时间，已迅速成为我国一种社会时尚运动，运动人口不断增长，运动市场迅速扩大，对我国体育产业的发展具有较大的促进作用。

野战运动作为新兴的时尚运动项目，其爱好者、运动员、俱乐部，野战比赛场地、器材、服装、系列赛事、媒体转播，比赛观众等模块儿，形成了野战运动的产业链和生态圈。野战运动发展前景广阔，对打造中国野战运动产业品牌乃至我国休闲体育时尚运动品牌具有深远意义。

一、促使网络游戏向大众休闲运动发展

目前，我国野战运动已为大众所熟悉，正在逐步由军事网络游戏转向实战性体验娱乐运动。野战运动将与军事网络游戏对接而成为社会上的一项时尚竞技运动。野战运动的游戏形式易于被大众接受，在游戏的过程中，它赋予参与者不同的角色，使他们通过执行不同的任务来赢得最后的胜利。随着野战运动项目的不断完善、技术的不断革新，野战运动必将成为大众最喜爱的集娱乐、体验、竞技于一体的休闲体育运动项目之一。

二、拓展旅游景区客源市场

体验式旅游是体验经济时代旅游业发展的大势趋。就目前来看，不少旅游景区还是传统的观光式旅游，存在产品老化、体验因素缺乏等问题，致使景区竞争力不强、知名度不高、吸引力不够。而野战运动项目通过模拟真人实战对抗，在保证参与者安全的条件下最大限度地还原实战体验，这有利于拓展景区的体验因素和客源市场。

例如，在实战体验中，参与者手中的“激光发射器”能模拟振动，发出具有真实感的枪声，能使参与者体验开枪射击的感觉。一旦被激光发射器击中，被击中者的头盔会发出“惨叫声”，伴随红色灯光的提示和振动装置的振动，让被击中者有一种“中弹”的感觉。野战运动项目的开发能大大增加旅游景区的体验因素，在游客厌倦了“走马观花”的被动旅游方式、追崇个性化参与和互动的背景下，与景区的红色教育、娱乐、体验等主题融合，开发野战运动配套产品，能吸引

消费者来景区进行休闲娱乐实战体验，设有野战运动项目的旅游景区无疑比一般的景区更具吸引力、竞争力和知名度。

三、企业团队训练的重要手段

野战运动可以满足很多人儿时想要拿枪的梦想。由于运动采用最新的激光设备，除了模拟由枪体发射实际弹丸的声音，还可以模拟所有的真实战场效果，如枪体的后坐力，真实的枪声，抛壳动作，退膛动作，被击中的声音与强烈的被击中感觉等。战场的实际音效与场面效果，可以利用烟雾、大功率音响、电影特技等技术手段模拟，如用电子地雷、定时炸弹、手雷、火箭筒等电子模拟装备模拟真实宏大的作战场景，能加强参与者身临其境的感受，切实体验团队协作、领导力、执行力、沟通力的重要性。野战运动以其自身健康、向上、真实、刺激的特点，迅速走红我国大江南北，已经成为企业团队培训的重要课程之一。

四、品牌价值进一步提升

由国家体育总局社会体育指导中心主办的中国野战运动冠军赛已成功举办四届，随着赛事规模和影响力的不断扩大，其产业化、市场化、社会化趋势日益明显，我国野战运动冠军赛已不再只是简单的体育竞技和赛事运营，更多地表现为一种赛事品牌，具有品牌价值。

五、形成巨大的产业市场

野战运动作为具备高新技术背景的新兴运动项目其运动装备具有一定的专业性，所带来的市场价值不容忽视。必备装备主要有防护眼镜或防护面具、防止野外损伤的战斗靴及战斗服、激光发射器及配件。可选装备有单独配备的电池、弹夹，手套、头盔，硬质的护膝、护肘等。目前，国内野战运动装备的买卖、升级、回收、维修已经逐步形成了一个产业。野战运动装备、器材、场地设施等一系列产品一步步走向商业化、社会化、国际化，从而不断促进我国野战运动的产业化升级和发展。

此外，通过组织野战运动比赛，能推动野战运动产业链的形成，并衍生出野战运动的专用设备、专用装备、纪念品等新的产业，市场前景非常广阔。

六、融合体育旅游产业

野战运动和体育旅游的紧密结合与互动发展，是休闲时代体育旅游发展的必然趋势。体育旅游产业能增加野战运动内涵，实现野战运动的休闲体育价值。野战运动与体育旅游的融合是一个激发演化的过程，是因市场需求而产生的一种主动融合，也是今后野战运动与体育旅游互利共赢、和谐发展的重要创新点。

七、帮助青少年戒除网瘾

当前，电子游戏风靡全球，一些青少年沉迷于网络世界无法自拔，长时间沉溺网络对青少年学业和身体产生了巨大的不良影响：视力受损、学业荒废，甚至导致性格发展缺陷、心灵扭曲等恶劣后果，严重影响身体健康和人格成长。

由于野战运动自身具有极高的娱乐性和趣味性，因此对沉溺于网络游戏的学生群体有巨大的吸引力。如著名军事网络游戏《反恐精英》（又称“CS”）与野战运动具有极高的相似性，野战运动中激烈的激光对抗、高超的战术配合、逼真的音响视听效果完全能够模拟网络中虚拟的游戏情境，身临其境的冲锋陷阵和战场杀敌更有着虚拟网络游戏中无法满足的快感。

面对青少年沉迷于网络、体质日益下降的紧迫局面，引进和发展新兴的野战运动项目对于增强学生体质、提高青少年的国防素养、培养学生主动参与锻炼的终生体育习惯来说有着重要的意义，同时对促进野战运动在学校的开展和推广、完善体育教学体系具有积极作用。

第三节 野战运动与国防教育

国防教育是为捍卫国家主权、领土完整和安全，防御外来侵略、颠覆和威胁，对全民传授与国防有关的思想、知识、技能的社会活动，是国防建设的重要组成部分。国防教育包括为增进全民的国防思想、国防知识、国防技能和身体素质，以及有利于形成和增强国防观念、国防能力的各种类型的社会活动。国防教育是国家对全体公民进行具有特定目的和内容的普及性教育活动。国防建设的整体性决定了国防教育内容，现代国防不仅仅是指军队建设和武器装备及战场和战略要地的建设，而且同国家的经济实力、政治状况、民族心理、文化水平和人口素质等因素息息相关。

野战运动是一种模拟军队作战的运动，在军队作战中，以策划部署、分工合作、部队士气、上下级沟通、体能以及应变能力等主要因素决定胜负。野战运动有助于培养新一代青少年的军事兴趣，其形式可以满足国防素养教育中对青少年速度、力量、耐力、灵敏、柔韧等身体素质各项指标的训练要求，促使学生发挥更大的潜能。

野战运动中，青少年参与者需严格遵守老师和教练员的要求，学会控制自己的情绪，培养群体合作精神，提高领导才能及不同环境的适应力，锻炼善用资源以及临危不乱、随机应变的能力。不仅如此，野战运动通过军事系列主题训练和游戏竞技，在给广大青少年带来运动快乐和竞技挑战的同时，也能历练青少年的意志品质，打造青少年精英战斗团队，让青少年学生在体验野战惊险搏击的同时领悟国防素养教育的重要意义。

此外，加强高校国防教育，是新时代赋予高校的使命。野战运动因其具有贴近军事训练，并与军事网络游戏对接等特点，深受当代大学生喜爱，成为新时期大学生国防教育的重要手段。

第二章
野战运动的身体训练

身体训练的内容有很多,野战运动就是其中一类综合性练习,包括走、跑、跳、攀爬、悬垂、支撑以及生存技巧等内容,对身体的全面锻炼具有极高的价值。无论什么训练内容和方式,要想获得良好的身体锻炼效果,均离不开科学健身原则的指导,并需符合体育科学规律的要求。

第一节　野战运动身体训练的原则及科学依据

全面的身体训练可以使身体均衡发展,提高整体健康水平,如果只是单纯的凭兴趣去练,觉得什么项目好玩就练什么,不讲原则及科学性,就难以达到全面发展的目标。因此,要做好野战运动身体训练,就必须了解进行身体训练的一般原则、科学规律及理论基础。

一、身体训练的一般原则

(一) 自觉积极性原则

自觉积极性原则是指学生明确学习目的,从而自己独立思考,刻苦顽强学习,把掌握体育知识、技术,增强体质等目标,作为一个主动的而非被动的过程。大脑皮层具有最适宜的兴奋性,对学习具有浓厚的兴趣爱好是取得良好学习效果的基础,这是自觉积极性原则的生理学和心理学依据。所以,教师要善于充分调动学习者的主观能动性,使学生积极主动地学习与锻炼。

(二) 直观性原则

直观性原则是指利用学生的各种感觉器官和已有经验,通过生动形象的感受来掌握所学的体育知识和运动技术。教师要通过正确的动作示范和精炼的讲解,给以适宜的条件刺激,并通过反复练习不断加以强化。

(三) 一切从实际出发原则

一切从实际出发原则是指体育教学的任务内容、组织教法和运动负荷的安排，都要符合学生年龄、性别、体育基础和身体发展水平，并考虑场地设备、器材条件和地区季节气候的实际情况，使学生经过一定努力能够学会、做到。

（四）循序渐进原则

循序渐进原则是指教学的内容方法和运动负荷的安排要由易到难、由简到繁、由已知到未知，逐步深化，不断提高。生理学实验证明，人体各内脏器官系统的机能活动，具有一定的惰性。人体从相对安静状态进入工作状态，以及对外界环境的适应与工作效率的提高有一个逐步变化的过程，违背这一原则就会给学生学习带来困难，影响教学效果，甚至会损害学生身体健康。但易和难、简和繁、浅和深，都是相对的，可以因对象和条件的不同而有一定的改变。

（五）身体全面发展原则

身体全面发展原则是指在教学中，选择全面多样的内容，运用适当的组织教法，使学生身体的各部位、各器官系统的机能，各种身体素质和基本活动能力都得到全面协调的发展。实践证明，人体是在大脑皮层调节下的有机统一的整体，各部位、各器官系统的机能，各种身体素质和基本活动能力之间是相互联系、相互制约的。调节得好，就能相互促进，协调发展，使体态匀称、优美，工作能力得到提高；否则就会造成畸形发展，妨碍学生健康成长。

（六）合理的运动负荷原则

运动负荷是指进行身体活动时人体所能承受的生理负荷。合理的运动负荷原则是指根据教学任务、教材特点、学生实际和教学条件，使学生身体承受一定的运动负荷，劳逸结合，以便更好地掌握技术，有效地锻炼身体，增强体质。运动负荷过小，达不到教学目的；运动负荷过大，则会损害身体健康，反过来也影响教学任务的完成。决定运动负荷大小的主要因素是“量”和“强度”。量是指完成动作的数量、次数、组数、时间、距离和重量等。强度是指完成练习所用力量的大小和肌体的紧张程度，包括动作的速度、练习的密度、练习间歇时间的长短、负重的重量等。量和强度要处理得当，强度大，量就要减少；强度适中，则量可以加大，要以学生能够承担并有一定的疲劳为度。动作的质量与运动负荷的大小有一定关系，应在保证动作质量的前提下，合理地安排适宜的运动负荷。

（七）巩固提高原则

巩固提高原则是指使学生牢固地掌握知识、技术，在此基础上不断提高，并在实践中熟练地加以运用。大脑皮层动力定型的形成是动作技术技能的形成、巩固与提高的生理学基础。如不及时巩固提高，动力定型将会消退，对教学效果也会有不良影响。一种技术技能的巩固和提高，有助于其他技术技能的巩固和提高，还能为学习新技术、新技能创造良好条件。各种身体素质和机体工作能力的水平，也要不断巩固和提高。长期中断练习，将会导致身体素质与机体工作能力下降。

二、身体训练应遵循的科学规律

现代体育的理论基础是伴随近代西方的物理学、化学、医学、心理学等自然科学的发展，逐渐派生出针对人体的《运动力学》《生物化学》《运动解剖学》《运动心理学》《运动生理学》等一系列系统学说而奠定的。可以说，现代体育正是西方在探索人和人体奥秘的过程中，由于科学的介入而得以丰富和发展，最终形成完整体系，并成为一门独立科学的。因此，为了更好地进行野战运动的身体训练，我们有必要认识和掌握相关体育运动规律，并在其指导下实现“终身体育”的目标。

（一）人体生理机能活动能力变化的规律

人体在运动过程中，身体能力和器官功能会发生一系列变化，只有科学地顺应这些变化，才能有效提升运动能力，增进健康，提高成绩，防止伤害事故发生。概括来说，人体生理机能变化分为三个阶段：

1. 上升阶段

人体的一切活动都是在神经系统调节下所实现的反射活动，在相应中枢内兴奋性的提高、兴奋冲动沿着反射途径的传导、各器官机能的动员过程等，都需要经历一定的时间，因此，从开始运动到发挥最大运动能力需要一个过程。此外，内脏器官的惰性比运动器官要大，这是因为支配内脏器官的植物性神经纤维的传导速度较慢，而且在传导中交换神经元的次数也较多。

针对人体的这一生理机能，野战运动教学在结构上，就必须安排相应的“准备部分”，使心率加快、收缩压升高、呼吸频率加快、肺通量增加等，从而促使大脑皮层的兴奋性逐步提升，使人体进入工作状态。

2. 稳定阶段

经过上升阶段后，人体各种生理惰性已被逐步克服，在继续运动的过程中，各器官系统的机能在一段时间内，可以稳定或暂时稳定在一个较高的、变化范围不大的水平上，这种现象叫作稳定状态。

野战运动教学“基本部分”的要求正与之对应，要求教师合理地控制运动强度，使学生能依靠有氧代谢供能，维持较长时间的运动，使大脑皮层具有最适宜的兴奋性，保证人体工作能力始终处于良好状态。

3. 下降阶段

人体运动到一定时间后，就会出现工作能力暂时降低的疲劳状况，疲劳与运动时体内的能源物质消耗过多、恢复不足、氧债能力下降、血液酸度增加等因素有关。疲劳产生的部位首先是大脑皮层，肌肉疲劳相对较晚，主要表现为收缩力下降和放松不充分。这就要求野战运动教学在对应的“结束部分”里安排有效的放松练习，使学生逐渐恢复到相对安静状态。

（二）运动技能形成的规律

运动技能亦称“动作技能”，泛指运用知识和经验，通过反复练习巩固而获得的活动方式。运动技能的形成是一个由低层次阶段向高层次阶段逐步发展的过程，主要包括三个阶段。

1. 粗略掌握动作阶段

由于大脑皮层兴奋过程扩散，导致不参加活动的肌肉也参与进来，致使完成动作不准确、不规范，表现为动作紧张、吃力、不协调、不连贯、控制能力差、偏差太大等。可以借助视觉表象来调节控制，反复进行模仿练习，完成动作的效果能够得到逐步改善和提高。

2. 改进和提高阶段

通过反复练习，掌握了动作的方法，完成动作已不再那么吃力、紧张，动作也变得连贯、协调，动作质量不断提高，但还不够稳定，经常会出现错误的动作，不能运用自如。因此，适于用分解法来纠正错误动作，用完整法来提高动作的完整性和协调性。

3. 动作的巩固与运用阶段

此时已完全掌握了动作技术，准确、熟练程度不断提高，能够轻松自如、协调、连贯地完成动作，形成了巩固的动作定型。通过抓细节、上难度，进一步完善动作，做到运用自如、得心应手。

三、身体训练的生理学基础

人体的结构和功能十分复杂，构成人体的基本成分是细胞和细胞间质。功能和结构相似的细胞和细胞间质，有机结合起来组成了具有特定功能的组织。各种组织又结合成具有一定形态特点和生理功能的器官。若干功能相关的器官联合起来，共同完成某一特定的连续性生理功能，即形成系统。人体各个系统能够密切配合、协调活动，是由于神经和体液的调节作用，特别是神经调节的作用。

（一）超量恢复原理

超量恢复是三磷酸腺苷（ATP）、磷酸肌酸（CP）、肌糖原、蛋白质等能量物质的超量补偿和存储过程。运动后，肌肉会产生适度的疲劳或形态功能方面的变化，通过一定时间的休息，肌肉力量和形态功能均能恢复到运动前的水平，且在一定时间内，还可继续上升并超过原有水平。如果在肌肉功能上升并超过原有水平的一段时间内进行下一次练习，就可以保持这种超越不会消退，并逐步积累练习效果，如肌纤维收缩速度加快、肌肉力量增强、机体耐久力提高等。

超量恢复后，由于能量物质的超量补偿，训练部位的肌肉围度增大、有胀痛感，此时开始更大负荷的训练效果最好，等肌肉中供能物质的存储量逐渐降低，就会错过时机。超量恢复是客观存在的规律，几乎所有的肌力练习方法都源于这一理论基础，人体机能素质之所以能够逐渐提高，也是这一原理在起作用。因此，这种不断大量消耗体内能量物质，又不断恢复、特别是形成的超量恢复，是人体进行运动健身的重要生理学依据。

1. 时机的把握

一般而言，在超量恢复阶段进行下一次锻炼或训练的效果最好，运动成绩提高最快。因为在这个阶段，体内能量物质最充足，机能水平也高，可以适当加大运动负荷，形成更高层次的超量恢复。下次运动时间过早或过晚都会影响运动效果，甚至是无效。不同项目的恢复情况，如表 2-1-1 所示。

表 2-1-1　不同项目的恢复情况

练习项目	主要能量物质	超量恢复时间	机体反应
100 米跑	磷酸肌酸	2~5 分钟	肌纤维收缩速度加快
大负荷耐力练习	肌糖原	15 分钟	身体耐久能力提高
力量组合练习	蛋白质	3~4 天	肌纤维增粗力量增大
马拉松跑	脂肪	3~4 天	氧债能力提高，耐力增强
大负荷游泳练习	综合供能	5~8 天	整体机能提高

2. 负荷的控制

在一定生理范围内，运动负荷越大，人体的机能反应越大，能量消耗也越多，引起的超量恢复越明显，锻炼或训练效果也就越好。但“运动负荷越大，超量恢复越明显”并非是无原则的，无论是哪种性质的身体运动，都要求在生理“极限”范围内进行，如果负荷超越了生理“极限”，则可能导致身体伤害，影响健康。生理“极限”要结合自身特点来进行把握。

3. 积极恢复

保证充足的营养和睡眠是恢复期的两个重要环节。恢复过程可大致分为：运动过程中的恢复、运动后的恢复和超量恢复三个阶段。

4. 注意事项(运动后)

(1) 不宜立即休息。

(2) 不宜马上洗浴。

(3) 不宜暴饮暴食。

(4) 不宜大量吃糖。

(5) 不宜饮酒。

(6) 不宜吸烟。

(二) 有氧运动与无氧运动

物质代谢和能量代谢是机体内各组织器官活动的基础,运动能力则是身体机能状况的具体表现。根据人体大肌群运动能耗供给方式的不同,可将运动的形式分为有氧运动和无氧运动。

在氧气供给充足的情况下,依靠肺部的摄氧量,终端耗氧的肌肉通过细胞内的有氧代谢来为运动提供能量,维持生理平衡,这样的运动形式称为"有氧运动"。而肌肉在"缺氧"状态下完成快速猛烈的动作,靠无氧酵解维持供能,这样的运动形式称为"无氧运动"。

无氧代谢能够在短时间内,不需要氧气的状态下合成 ATP,但维持时间很短;有氧代谢则需氧气参与才能合成 ATP,但却能持续较长时间。有氧代谢生成水和二氧化碳,可通过呼吸排出体外,对人体无影响;无氧酵解会产生乳酸、丙酮酸等大量代谢物,且无法通过呼吸排除,这些中间产物在细胞和血液中积聚,就会出现肌肉酸痛、疲乏无力、心律失常等现象。

最大摄氧量是评价有氧能力最常用和最有效的指标,一般将保持在人体最大摄氧量 50%~60%的运动界定为有氧运动;若用心率作指标,则要求恒定在最大心率的 70%~75%。有氧运动要求运动持续时间不能低于 30 分钟,且每周需进行 3 次。

有氧运动是以增强人体吸收、输送与使用氧气为目的的耐久运动,是保持身心健康最有效、最科学的运动方式。其主要运动特点是强度低、有节奏、不易中断、持续时间长、便于坚持和开展,比如步行、跑步、骑车、游泳、马拉松跑、越野滑雪、打网球等。有氧运动也可在室内进行,比如韵律健美操和使用跑步机、登山机、划船器、滑雪机等。

无氧运动属于快速力量性运动项目,在整个运动过程中,人体摄氧量明显少于耗氧量,其主要特点是运动强度较高、爆发力强、持续时间短等。比如举重、短跑、短池游泳、跳投等。此外,野战运动也属于无氧运动。

许多体育项目既非单纯的有氧运动,也不是单纯的无氧运动,而是二者兼有。因为人体内预存的 ATP 只能维持 15 秒左右,利用血糖无氧分解所提供的能量也只能维持 40 秒左右。要完成某些项目的后段运动,就必须由血糖、血脂肪酸和血氨基酸在有氧状态下合成新的热能物质 ATP 来提供能量,如 800 米或 1 500 米跑、200 米和 400 米游泳、拳击、球类等运动项目,都需要利用氧气燃烧糖类、脂肪和蛋白质,故此类运动的后段都是有氧运动。

（三）最大摄氧量

最大摄氧量也称“最大吸氧量”“最大耗氧量”，是指人体在大肌肉群参与的长时间剧烈运动中，心肺功能所能达到的肌肉利用氧能力的极限量，即单位时间内所能摄取的氧量。

最大摄氧量有两种表述方式：一种是绝对值，指机体在单位时间内所能吸取的最大氧量；另一种是相对值，指按每千克体重计算的最大摄氧量。

1. 最大摄氧量的影响因素

（1）氧的运输系统：主要包括肺的通气与换气机能，血红蛋白含量及其载氧能力，每搏输出量和心率等。

（2）肌组织利用氧能力：主要与肌纤维类型及其代谢特点有关，比如慢肌纤维中毛细血管丰富，线粒体数量多、体积大，氧化酶活性高等特性，有利于增强慢肌纤维的摄氧能力。

（3）年龄、性别因素：研究结果表明，男女间的最大摄氧量差异显著。12~13 岁的男女生之间，最大摄氧量数值相差约 7%；20~29 岁男女之间相差约 39%。男子一般在 18~20 岁时最大摄氧量达到峰值，并能保持到 30 岁左右；女子在 14~16 岁时达到峰值，一般可保持到 25 岁左右。此后，随年龄的增加而递减。

（4）遗传因素：对单卵及双卵双生子的研究表明，最大摄氧量与遗传的关系十分密切，遗传度可达 80%~90%。

（5）训练因素：除先天因素外，后天的训练对最大摄氧量的影响占 20%~25%，长期系统地进行耐力训练可以使最大摄氧量明显提高。运动训练有利于肌细胞对氧的摄取，从而增加机体的最大摄氧量。

（6）环境因素：在高温环境中运动时，由于散热的需要，部分血液涌向皮肤，使参与运动的肌群血流量相对减少，最大摄氧量就会相应下降。而当人体处于高原低氧环境时，由于红细胞适度增多以维持较高的血氧水平，最大摄氧能力便得到自然提升。不过，红细胞的过度增加，也会增加血液的黏滞性，进而影响氧的运输过程。

（7）体脂率影响：体脂率是指身体的脂肪占体重的百分比率，是反映身体成分的重要指标。倘若脂肪组织过多，会造成体内脂肪堆积，体重骤然增加，使单位面积的氧耗损相对值降低，从而影响最大摄氧量。

2. 最大摄氧量的指标性作用

（1）可作为评定心肺功能和有氧工作能力的客观指标。最大摄氧量是反映心肺功能的综合指标。研究发现，耐力性项目的运动成绩与最大摄氧量之间具有高度的关联。

（2）可作为选材的生理指标。最大摄氧量有较高的遗传度，可作为选材的生理指标之一。

（3）可作为制订运动强度的依据。根据训练计划制订不同百分比的最大摄氧量强度，使运动负荷有更加客观的数据标准。

（四）阈刺激

当细胞受到刺激时，细胞膜上 Na 通道少量开放，出现 Na 少量内流，使膜的静息电位值减小而发生去极化。当去极化进行到某一临界值时，由于 Na 通道的电压依从性，引起 Na 通道大量激活、开放，导致 Na 迅速大量内流而爆发动作电位。这个足以使膜上 Na 通道突然大量开放的临界膜电位值，称为阈电位。能触发动作电位，引起兴奋的最小刺激强度就是阈强度或阈刺激。

顾名思义，超过阈强度的刺激为阈上刺激；反之，强度小于阈值的刺激，称为阈下刺激。只有阈上刺激，人们才能够感知它，而阈下刺激不能引起兴奋或动作电位，但却仍会对组织细胞产生影响，这种情形定义为阈下知觉。

一般情况下，可将阈强度的大小作为反映组织兴奋的指标，引起组织兴奋的阈强度低，就说明它的兴奋性高，反之则兴奋性低。

第二节 野战运动的一般身体训练

野战运动对于促进人体骨骼生长发育、改善和调节各内脏器官的功能、提高人体的血液循环和供氧能力、保证大脑及神经系统的健康、提高工作效率，以及增强人体对自然环境的适应能力等诸多方面的作用是毋庸置疑的。

一、一般身体素质

（一）力量素质

力量素质是指人的肌体或肌体的某一部分肌肉工作时克服内外阻力的能力。通过肌纤维的变粗、肌肉横截面积的增大，可使力量素质得到提高。力量是人体运动的基本素质，对人体运动的影响极大，同时也是衡量运动者身体训练水平的重要指标。不同的运动项目因其完成动作的内容不同，而对力量素质的要求也不同。根据不同运动项目对力量素质的要求，以及力量的不同表现形式，力量素质可分为多种类型。根据肌肉收缩形式，可将力量分为静力性力量和动力性力量；根据力量与体重的关系，可分为相对力量和绝对力量；根据力量的表现，可分为最大力量、快速力量和力量耐力；根据身体发力部位，可分为上肢力量、下肢力量和腰部力量；根据与专项的关系，还可分为一般力量和专项力量。

（二）速度素质

速度素质是指单位时间内完成动作或距离的能力，表现为人体的应激反应，应激水平往往也可以用灵敏度来描述。人体速度和灵敏度受肌肉类型（红肌和白肌）的制约，因而与先天遗传关系较为密切。

（三）耐力素质

耐力素质是指人体持续活动抵抗疲劳的能力。保持特定运动强度或动作质量是耐力水平的体现。要在整个竞赛过程中保持特定的运动强度和动作质量，就必须具备良好的耐力素质，可通过改善营养物质吸收和储存能力、促进肌体供血、提高氧债能力来提高耐力素质。

（四）灵敏素质

灵敏素质是指人体在各种突变情况下，迅速、准确、协调、灵活地完成动作的能力，这是运动技能和身体素质的综合表现。大脑皮层神经活动过程的灵活性及分析综合能力，是灵敏素质的重要生理基础。因此，可通过训练改善和提高各感受器官功能来增强灵敏素质。良好的灵敏性有助于更好地掌握技术动作，使已有的身体素质更加充分、有效地运用到实践中去。

（五）柔韧素质

柔韧素质是指人体关节的活动幅度及肌肉韧带的伸展程度，可通过增加关节囊及肌腱的厚度，来提高关节稳固性和肌肉延伸度，从而达到提高柔韧素质的目的。

二、常用的身体练习方法

（一）重复练习法

重复练习法是指锻炼者在相对固定的条件下，按照健身计划和要求反复练习同一锻炼内容的方法。这种方法适用于：

（1）运动负荷较小或用时较短的练习。

（2）动作技术比较复杂，难以掌握的练习。

（3）运动负荷较大，难以一次完成的练习。

采用重复练习法应注意以下几个方面：

（1）合理安排重复练习的总次数，每次练习的距离或时间、每次练习的强度（速度或时间）及每次重复练习之间的间歇时间等。

（2）保证每次重复练习的质量。不能因重复练习的次数多而降低动作要求或减少计划练习的数量。

（3）注意克服重复练习的枯燥感。一方面要锻炼意志，树立信心；另一方面可在练习前后或间歇穿插一些轻松、有趣的辅助性练习。

(二) 变换练习法

变换练习法是指改变锻炼内容、强度和环境进行练习的方法,如变换练习的项目、提高或降低运动负荷、调整练习要素、改变练习地点等。采用变换练习法,可以提高中枢神经系统的灵活性,发展身体的调节能力和适应能力。采用变换练习法应注意以下几个方面:

(1) 要以锻炼的实际需要为前提,有针对性地变换练习条件。

(2) 合理安排采用变换练习法的锻炼计划,在锻炼中注意收集反馈信息,加强医务监督,及时根据个人的身体健康状况调整计划。

(3) 变换练习法是短期的计划安排,变换练习主要用于调整身体机能,变换练习时间过长、过于频繁都不利于锻炼计划执行。

(三) 循环练习法

循环练习法是根据身体锻炼的需要,确定循环练习的各项练习内容,在一次练习中依次循环进行练习的方法。这种练习方法可以弥补单一练习对身体发展作用的有限性,使各练习之间的作用互相补充,有利于身体的全面发展。此外,由于锻炼内容多样,还能调动锻炼者的积极性。采用循环练习法应注意以下几个方面:

(1) 要根据锻炼目的,确定循环练习的各项内容,使之互相配合。练习的组合一定要兼顾发展身体的不同部位、不同运动素质,使锻炼取得促进身体全面发展的效果。

(2) 合理确定各项练习的比例和顺序。进行循环时,确定一个中心练习,其他练习可围绕这一中心练习做出适当的安排。

(3) 合理确定每项练习的间歇时间。要根据锻炼者的身体健康情况,保证能顺利过渡到下一项练习。

(四) 确定运动负荷法

运动负荷包括负荷强度和负荷量,无论以哪种体育方式进行健身和锻炼,适宜的运动负荷都是非常关键的。

1. 运动时即刻心率测定法

在一组或是一次运动后,立即测定自己的心率,以此来确定运动负荷的大小。一般认为心率在 180 次/分钟以上为大负荷运动,150 次/分钟为中等负荷运动,130 次/分钟以下为低负荷运动。体弱或是初次参加时,选择中等强度的体育运动;体质强壮、运动水平较高的人采用大、中运动负荷相结合的体育运动,效果会更好。

2. 基础心率测定法

在运动前及运动后的第二天,分别测定自己的基础心率(早晨醒后立即测定自己的心率三次，取平均心率），然后进行比较。经常进行体育锻炼的人其基础心率应该是稳定的，或略有起伏；刚参加体育锻炼的人，运动后的基础心率会略有加快，但幅度不应过大，一般不应超过 6 次/分钟，若超过了 12 次/分钟，而又持续不下降，说明运动负荷过大，应及时调整。

3. 用运动中的自我感觉来衡量运动负荷的大小

要想达到锻炼健身的目的，必须有一定的运动负荷做保证。如果在运动中过于轻松，说明运动负荷过小。一般人在进行体育运动时，应有一定的疲劳感，表现为呼吸、心跳加快，出汗等，这是比较适宜的运动负荷。但若在运动中感到过于吃力，出汗过多，说明运动负荷过大。这种方法以主观判断为主，虽然不够精确，但简便易行，运动者可以根据反馈信息及时调整运动负荷，比较实用。

4. 用运动期间的自我感觉来衡量运动负荷的大小

在运动期间，自身身体出现的种种症状是监测运动负荷的主要依据，还要根据食欲、睡眠、精神状态等主观感觉来监测运动负荷。在运动的最初阶段会感到肌肉酸痛、身体疲劳，这是一种正常的生理反应。但若持续感到疲劳，或是睡眠不好，食欲不振，说明运动负荷过大，应有针对性地进行调整。

三、发展一般身体素质的练习

（一）发展身体的灵敏性练习

1. 变向练习

野战运动的变向能力可采用看教师手势的方式进行练习。练习者两腿开立，平行或一前一后站立均可，双膝微屈，重心降低，双眼注视教师手势，随之前后左右移动，教师的手势变换须有一定速度，方能取得较好的练习效果。

2. 步频练习

高抬腿跑是与野战运动关联度较大的一项练习。其实穿越轮胎阵的基本动作就是高抬腿跑，只是双脚的落点、落地的方式、步幅和步频等均有变化。可采用原地高抬腿练频率、行进间高抬腿练步幅和节奏、高抬腿全脚掌落地练习动作的稳定性等（图 2-2-1）。

3. 行进间连续踢腿

（1）方法

根据口令进行上下肢的协调配合练习。以 4 拍为例，从直立开始：

“1”：双臂上举、左腿后踢，同时身体腾空。

“2”：身体腾空的同时，双臂下挥、伴随左腿前踢，在体前形成“合围”之势。

“3”：换腿，重复“1”的动作。

“4” 换腿，重复“2”的动作。

练习的过程便是不断地进行此 4 拍循环(图 2-2-2)。

图 2-2-1 原地高抬腿

图 2-2-2 行进间连续踢腿

(2) 目的

提升人体协调能力,使腰腹力量得到较好发展,使中枢神经系统功能得到改善。

(3) 要求

① 应先进行原地练习,而后再过渡到行进中练习。

② 运动时可默念节拍,使动作有节奏感,手脚配合协调。

③ 动作完成不低于二个八拍。

4. 绕障碍跑

(1) 方法

在 25 米跑道上设置若干标志物,练习者听到口令后迅速起动,分别绕行各标志物,可用计时来作为评判指标。单人练习时,可采用 25 米往返计时;多人练习时,可采用 25 米迎面接力计时(图 2-2-3)。

图 2-2-3 绕障碍跑

（2）目的

绕障碍跑的目的主要是发展人体在快速移动中改变运动轨迹的能力。

（3）要求

① 充分活动身体各部位，尤其是膝、踝关节。

② 练习时的着装要贴身。

5. 侧向“8”字跑（俗称“交叉步跑”）

（1）方法

运动员侧对前进方向，听到口令后马上开始练习。可单人练习，也可两人一组进行。例如：右肩对着前进方向，开始时，左脚前交叉跨过右脚后，右脚侧向进一步，又变成右脚对着前进方向，左脚再在右脚的后侧跨过做后交叉，右脚又侧向进一步。如此，左脚在右脚的前面后面不断地交叉前进。返回时相反，右脚在左脚前后不断交叉通过，向左侧做“8”字跑（图 2-2-4）。这种侧向“8”字跑有两种，分别是小步高频进行和大步高抬大腿进行。

图 2-2-4 侧向“8”字跑

（2）目的

训练髋关节的灵活性与协调性。

（3）要求

① 后交叉难度较大，动作的关键是转动髋关节。

② 大“8”字侧向跑，锻炼髋关节的柔韧和灵活性。

6. 立卧撑跳起转体 360°

从俯撑开始，利用双脚弹压地面的反作用力，在双手支撑的同时，屈膝、收腹、提臀成蹲撑；接着双掌推离地面，双腿用力蹬地跳起。要求身体在离地腾空时限内完成转体 360°;落地时双脚并拢,屈膝仰头,双肩下垂,以前脚掌缓冲着地(图 2-2-5)。

图 2-2-5　立卧撑跳起转体 360°

(二)发展上肢力量练习

1. 引体向上

引体向上是提升人体上肢相对力量的最佳方式。双手握杠,身体悬垂,利用上肢肌群收缩,将身体上拉至下颌过杠(图 2-2-6)。练习时可根据自身能力,确定练习组数以及每组次数,要注意间隔时间,避免肌肉过早疲劳以致无法完成最后动作。注意结合天梯项目,练习时需正握杠。

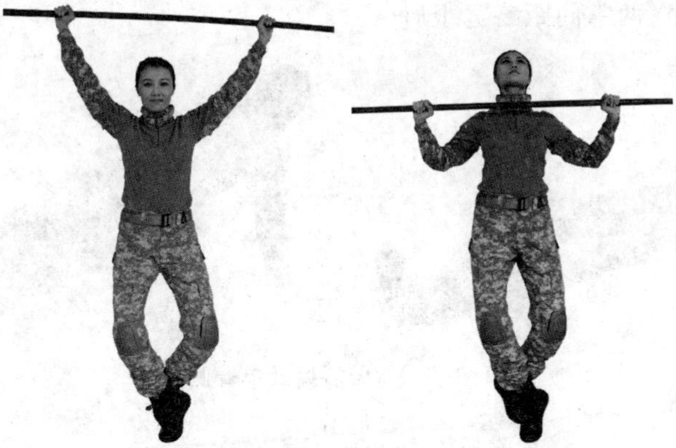

图 2-2-6　引体向上

2. 俯卧击掌

俯卧撑是最常见的自抗力练习方法之一，几乎人人都做过。但进一步的扩展练习“俯卧击掌”却不是每个人都能完成的。俯卧击掌的方式有很多，如体前击掌，体后击掌，体前、后组合击掌等，不同方式对双臂将身体推离地面的高度有不同要求（图 2-2-7）。

图 2-2-7　俯卧击掌

3. 悬垂举腿

起始时，双手正握单杠，身体垂直于杠下。上举时可先屈膝，将小腿尽力向上缩起，到最高点时，彻底收缩腹直肌，然后徐徐将小腿向前提起，直到完全伸直（图 2-2-8）。要注意呼吸配合：缩起小腿时吸气，下落时呼气。缩起小腿时尽力将两膝向上提升。此动作主要锻炼下腹肌力量和上臂力量。

图 2-2-8　悬垂举腿

4. 双臂后撑及单臂侧撑

支撑平衡属于静力运动，本书选取两个简单易做的静力支撑动作来进行练习（图 2-2-9）。

双臂后撑：身体仰撑保持平直，下颌微收，以双手掌及双脚后跟为支点，臂与躯干夹角应等于或小于 90°，两掌间距略宽于肩。

图 2-2-9　双臂后撑及单臂侧撑

单臂侧撑：身体绷紧成侧卧位，保持平直，以一只手掌和两脚的内外侧为支点，另一手臂保持侧平衡。为了加强身体平衡，重叠的双脚可适当分开。

5. 负重转腕

对于握持枪械完成既定目标的野战运动来说，前小臂及腕部肌群，包括指总伸肌的绝对力量是练习的重要内容。负重转腕是个不错的选择。

双手握住小哑铃，将前小臂固定，分别进行掌心朝上及朝下的转腕练习，转动的频率不能太慢，练习时间也不能过短，以前小臂充血发胀为宜。

6. 坐、站姿弯举

取立或坐位，两臂伸直，双手握杠铃，握距与肩同宽，以两肘关节为轴用力弯举，收紧肱二头肌使杠铃尽量靠近锁骨，然后慢慢还原。

要求屈臂弯举时上体要固定，大臂保持不动，完成动作时不得借助身体其他部位的力量，主要发展肱二头肌及前臂屈肌群。

7. 颈后臂屈伸

上体正直，双手正握或反握杠铃置于颈后位，以肱三头肌收缩的力量，使前臂将杠铃举至头顶上方，待两臂充分伸直后，屈臂下落成准备姿势。注意屈臂上举时上体要固定，此动作主要发展肱三头肌力量。

（三）发展下肢力量练习

发展下肢力量的方法有很多，结合“跑轮胎”专项，主要可采取下列训练方法。

1. 跳绳

跳绳是练习步频和弹跳力的极佳方法，可选择行进间跳绳来练习落脚的准确性和稳定性；采用半分钟单足轮换跳，提高蹬地频率；利用分组定数跳来提高腿部力量。

2. 后蹬跑

后蹬跑是野战运动的基本专项练习，可有效提高腿部力量、蹬摆和滞空能力。练习中，要求上肢的摆动积极配合下肢的蹬伸（图 2-2-10）。

图 2-2-10　后蹬跑

3. 跳跃障碍

野战运动中有专门的障碍跑项目，在心肺功能获得锻炼的同时，也很好地发展了身体的协调性以及双腿跳跃能力。当然，这类运动须有一定的运动距离，强度太低则不起作用（图 2-2-11）。

图 2-2-11　跳跃障碍

4. 蛙跳

立定跳远是检验学生下肢弹跳力及身体爆发力的有效手段，连续进行立定跳远，就是俗称的“蛙跳”练习。此练习将跳的距离作为评价标准，除了要求绝对力量外，还要求立定跳远动作衔接协调。当身体前展、收腹、落地的同时，即为下一起跳的开始（图 2-2-12）。

图 2-2-12　蛙跳

5. 单足跳

单足跳也是常见的发展下肢力量的简便方法。可以用跳的远度、速度、准确度等作为评判标准。如在限定距离内比跳的速度，在限定次数内比跳的距离，比跳的稳定性等(图 2-2-13)。

图 2-2-13　单足跳

在单足跳的过程中,练习者会全力以赴,因此,极易造成踝关节的损伤。这就要求练习者必须了解自身能力,量力而行,并进行充分的拉伸活动,以保证安全。

6. 骑人深蹲

同伴间相互利用对方体重作为抗阻进行练习,属于"自抗"练习的一种形式。练习者面墙而立,同伴骑在练习者肩上,双手扶住墙体,负重者进行蹲起练习,可预设练习次数、组数和蹲的深度,两人交替练习(图 2-2-14)。

图 2-2-14　骑人深蹲

（四）发展腰腹力量练习

1. 仰卧起坐

仰卧起坐是发展腹部肌群简单而有效的手段，可分为徒手、持器械、直腿、屈腿等做法。身体仰卧，收缩腹部肌肉使身体向上抬起，两腿尽量向胸部靠拢，然后慢慢放下（图 2-2-15）。注意动作过程应尽量慢些，还原过程要用力控制。

图 2-2-15　仰卧起坐

2. 两头起

仰卧在垫子上，两腿并拢，两臂向上伸直于头上，上体和两腿同时向上抬起，两腿尽量向胸部靠拢，然后慢慢放下（图 2-2-16）。注意动作过程应尽量慢些，手脚相触时稍停为好，还原过程要用力控制。此动作主要发展腹直肌、髂腰肌。

图 2-2-16　两头起

3. 悬垂举腿

双手分开，比肩稍宽，握于单杠或肋木上，身体自然悬垂。用力收腹，将伸直的双腿抬高到与上体约成 90°，然后慢慢放下。注意缩起小腿时尽力将两膝向上提升，不要借助身体摆动上抬。此动作主要发展腹直肌、髂腰肌。

4. 俯卧挺身

小腹和大腿上部俯卧在挺身训练器或“山羊”上，两腿向后伸直，固定两脚跟，上体向前慢慢弯曲至背部肌群完全伸展，然后以腰背肌群的收缩力量使上体向上挺起并超过水平位，然后慢慢下降还原。此动作可进行负重练习，但需注意重量的选择，主要发展竖脊肌、骶棘肌等腰背部肌群。

（五）发展速度及耐力练习

1. 50 米竞速

50 米竞速是通道项目的最后环节，其方法和要求与平常的短跑并无较大差异。与通常的计时短跑不同，健身通道的竞速跑没有起跑环节，当完成 V 形跑道项目后，直接加速跑进。因此，项目的衔接过程即为起动环节。可进行原地的各种步法练习或两三步向不同方向的碎步变向练习，要求随时控制身体重心，起动最初前几步的步幅要小，上体迅速前倾。

2. 加速跑

（1）目的

掌握加速跑技术动作，训练中枢神经兴奋、抑制转换速度——神经过程的灵活性。

（2）方法

30~50 米加速跑。

（3）要求

步频逐渐加快，上体逐渐前倾，全身协调配合。

3. 变速跑、全速跑

（1）目的

改善中枢神经系统的灵活性。

（2）方法

30 米、60 米、100 米变速跑，全速跑，折返跑。

（3）要求

变速突然，全身协调配合。

4. 追逐跑

（1）目的

提高反应速度和加快步频。

（2）方法

两人一组相距 4~5 米站立，听到信号后（也可用视觉信号），两人中速跑，距离不变，听到第二次信号后，后者追前者。

（3）要求

听到第二次信号时，突然加快步频，开始两三步步伐小、速度快，上体前倾。

此外，在进行以上各类练习中，还应利用绑沙袋、穿沙背心等负重手段来增强训练效果。

第三节　野战运动的专项身体训练

本节主要介绍与野战运动相关的静力性训练方法和野战运动专项素质训练方法。

一、静力性训练方法

静力性训练的特点是肌肉紧张用力,但肢体却静止不动。静力性训练可以动员更多的深层肌纤维参与紧张用力,因而对增强绝对力量效果较好。静力性训练前,一般先深吸一口气,训练时缓缓将气呼出。静力训练法的关键就是四个字"极度绷紧",让肌肉得到最大的刺激,肌纤维和神经得到最大的强化,达到快速增长力量的效果。训练结束后注意充分拉伸,放松全身肌肉,避免肌肉僵硬,影响爆发力。下面介绍的是不用器械的静力性训练法:

1. 颈部

(1) 两脚自然开立,十指交叉抱于头后,平稳用力将头向前下方压,颈部则施以适当的抵抗力,不让手将头压下。保持此"僵持"姿势 8~10 秒或稍长时间,然后放松。练习时,应挺胸收腹,不得弓腰驼背。

(2) 右手置于头右侧,将头向左侧压下,颈部则施以适当的抵抗力,不让手将头压向左侧。保持此"僵持"姿势 8~10 秒或稍长时间,然后放松,再换方向训练。练习时,上身应保持正直,不得歪向一侧。

2. 胸部

(1) 俯卧撑属于动力性训练,下面介绍一种静力性俯卧撑。做动力性俯卧撑,当身体下降至胸部将要触及地面时,胸大肌极度绷紧,保持此静止姿势 8~10 秒或稍长时间,然后放松。

(2) 面对墙站立,两臂前平举,以指尖将触而未触墙为度。全身挺直,上身前倾,两手掌扶墙,指尖朝上。屈肘,大臂与小臂成 90°,上身用力靠近墙,两臂保持屈肘姿势,撑住上身,不使身体贴墙,胸大肌极度绷紧,保持此静止姿势 8~10 秒或稍长时间,然后放松。

3. 肩部

打开房门,站于门框内,两臂下垂,两手松握拳,手背朝前。随即两臂朝两侧分开,以拳抵住门框,好像要将门框撑开一样,三角肌极度绷紧,保持此静止姿势 8~10 秒或稍长时间,然后放松。

4. 背部

立姿或坐姿,两手叉腰,背阔肌绷紧并向两侧张开,保持此静止姿势 8~10 秒或稍长时间,然后放松。

5. 臂部

(1) 坐于桌前,两手托住桌子下沿,大臂与小臂成 90°,好像要将桌子托起一样,肱二头肌极度绷紧,保持此静止姿势 8~10 秒或稍长时间,然后放松。

(2) 直立,两臂自然垂于体侧,两手松握拳,手背朝后。两臂直臂朝后上方抬起，上身可略前倾，两臂抬至不能再抬为止，肱三头肌极度绷紧，保持此静止姿势 8~10 秒或稍长时间，然后放松。

（3）立姿或坐姿，两臂下垂，两手握拳，手背朝后。手腕尽力弯起，小臂肌肉极度绷紧，保持此静止姿势 8~10 秒或稍长时间，然后放松。

6. 腹部

（1）仰卧，脚踝部固定，上身坐起，上身与下肢间的角度大于 90°，腹直肌极度绷紧，保持此静止姿势 8~10 秒或稍长时间，然后放松。

（2）仰卧，下肢和上身同时翘起成“V”字形，腹直肌极度绷紧，保持此静止姿势 8~10 秒或稍长时间，然后放松。

7. 腿部

（1）半蹲，大腿保持水平，上身尽可能与地面垂直，两臂交叉抱于胸前，股四头肌极度绷紧，保持此姿势 8~10 秒或稍长时间，然后放松。

（2）坐姿，脚尖点地，脚跟尽量抬起，小腿三头肌极度绷紧，保持此姿势 8~10 秒或稍长时间，然后放松。

二、专项素质训练方法

野战运动员、野战运动参与者在训练和比赛活动中，最常遇到的剧烈身体动作是前扑、后仰、手执比赛器材（激光发射器）翻滚和纵身翻过低矮掩体等。这里所介绍的训练方法，都能使学员提高反应速度，保护身体免被这些动作损伤。扑跌练习要在软垫上进行，否则坚硬的地面会使肩背、腰部、手肘和膝盖等受到伤害。当身体倒地时，要屏住呼吸，触地的刹那进行呼气动作。注意要按顺序逐步进行下列动作练习。

1. 跪姿向前扑倒（图 2-3-1）

图 2-3-1　跪姿向前扑倒

(1) 跪于软垫上,令上半身、双臂向前扑倒。

(2) 注意五指自然伸开,肘至指尖同时触及软垫。

(3) 双手互对成 90°,自然撑于软垫上。

(4) 脸部面向一侧,这样可以避免战斗中地上的沙石伤及眼睛和面孔。

2. 站立向前扑倒

完成跪姿向前扑倒动作后,可进阶至站立向前扑倒训练。

(1) 双臂分开,向前屈体扑倒,小臂与双手平贴支撑于软垫。

(2) 大臂保持垂直于软垫,脸部面向一侧,背部绷紧。

(3) 手指自然完全分开,肘至指尖同时触及软垫。

3. 飞扑倒下(图 2-3-2)

图 2-3-2 飞扑倒下

(1) 身体站立,双脚与肩同宽。

(2) 身体向前跃起,抬起双腿向后踢。

(3) 双腿大字分开,脚趾着地。

(4) 触及软垫时,利用前述扑倒技巧,防止肢体受伤。

(5) 脸部同样面向一侧,避免面部受伤。

4. 仰卧挺身

仰卧挺身动作是专项素质训练中难度最高的练习(图 2-3-3)。由于运动者未能看见自己的着地点,心理上会本能地产生无法消除的抗拒感。

(1) 身体仰卧在软垫上。

(2) 双臂交叉于胸前,手指伸直。

图 2-3-3　仰卧挺身

（3）如同向前扑倒动作一般，肘至指尖同时着地，双手快速而有力地拍打胯部两侧的软垫表面，拍打力度要足以令头部仰起。

不断重复动作，并且加大力度，直至整个身体都被双手拍打软垫的反作用力抬离地面为止。

5. 蹲姿向后卧倒

完成卧姿挺身动作后，可进阶至由身体蹲姿开始向后倒动作（图 2-3-4）。

图 2-3-4　蹲姿向后卧倒

（1）下身做出双脚蹲坐姿势。

（2）双手交叉胸前，手指自然伸直张开。

（3）背部弓起，身体用力仰向后方，倒在软垫上。

（4）双肩要先于身体着地，运用前述的倒地技巧，双手用力拍打软垫。

6. 蹲姿跃起向后倒地

只有完全掌握了仰卧挺身和蹲姿向后卧倒练习，对手臂和身体的动作默契配合感到满意后，才可进阶至蹲姿跃起向后倒地练习（图 2-3-5）。

（1）身体半蹲姿势，双手交叉，手指伸直张开。

（2）背部弓起，身体随即跃起。双腿向前做踢腿动作，并完全伸直。

（3）双臂要先于身体触及地面，运用前述着地技巧，双手用力拍打软垫减缓

图 2-3-5 蹲姿跃起向后倒地

身体落地的冲击力。

7. 侧身倒地

在快速行进中，一旦摔倒，可利用侧身倒地的缓冲作用，防止腰、肩、臂等部位受伤（图 2-3-6）。

图 2-3-6 侧身倒地

（1）仰卧软垫上，身体由一侧滚向另一侧。

（2）运用前述手臂着地技术，用力拍打身旁的软垫，令身体停止翻滚。

（3）拍打力度渐次增加，直至肩部和腰部抬离软垫为止。

8. 持枪前滚翻

由于双手握持比赛器材——激光发射器，当训练者从后面被推撞或被地上物体绊倒时，无法运用前述的向前扑倒技巧，此时采取持枪前滚翻动作可以有效防止身体受伤（图 2-3-7）。

（1）纵身前倾，侧身倒地。

（2）手臂与肩膀先着地，身体顺势向前滚翻。

（3）在身体滚动过程中，背部与双腿蜷曲。

（4）直至完成滚转一周，身体改成跪姿。

可以用裹上软垫的棒子来代替长枪，以避免在翻滚过程中弄伤身体。注意，任何情况下都不可用上膛的枪械来做体能训练。

图 2-3-7　持枪前滚翻

9. 纵身翻滚

纵身翻滚动作适用于快速翻越一些达到人体腰部高度的障碍物，而又不会过于暴露身体目标。纵身翻滚的姿势类似前滚翻动作，只是开始时身体以跳水方式投入滚动姿势。初期练习先尝试较低矮的障碍，随着动作逐渐成熟，可将障碍高度调高。

有人认为纵身翻滚动作不是必要的训练动作，因为遇到齐腰高的障碍物时可以一跃而过。但在野战运动中，挺直身体越过障碍时，身体将会完全暴露在对方的瞄准范围内，从而成为射击目标。因此，在实战过程中，需要跃身进入掩体时，纵身翻滚是最佳选择。

10. 持枪后滚翻

持枪后滚翻动作基本上与向前滚翻动作相同，只是身体滚动方向不同而已（图 2-3-8）。

图 2-3-8　持枪后滚翻

（1）当身体向后倒地滚翻时，屈曲双腿，臀部先着地。

（2）为了保持向后滚翻的势头，要弓起背部，双腿提起略过头部。

（3）身体倾向一侧，肩膀着力。

（4）完成向后翻滚一周后，双腿着地，在双手推举下抬起身体。

第三章
野战运动的基本技术

第一节　野战运动的瞄准与射击

野战运动持枪射击主要有卧姿、立姿、跪姿三种姿势。其中,卧姿是最基本的射击姿势。卧姿射击时,射击者全身伏地,双肘支撑在地面上,身体重心低,稳定性好,优秀射击者可以获得极高的射击密集度。立姿是野战运动中应用最广的射击姿势,同时也是最不稳定的射击姿势,是野战运动的技术难点。射击者站立射击时,身体重心较高,无固定依托,枪支晃动大,瞄准和扣扳机都会受到影响。跪姿的特点介乎卧姿与立姿之间。鉴于野战运动的射击特点,为创造优异成绩,射击者对枪支的调整和挑选,以及服装的缝制穿戴等,均需研究。

身体移动是野战运动的又一项重要技术,就射击环节而言,学员只有在行进过程中将身体移动与射击姿势有机结合,才能获得最佳的射击效果。

一、野战运动中常用的射击姿势

瞄准与射击是野战运动技术的核心,是决定比赛胜负的关键因素。如果射击技术欠佳,不能有效消耗对手“血值”,将直接导致比赛告负。因此,瞄准与射击技术自然成了野战运动关键的技术环节。

(一)立姿射击

在野战运动中,立姿射击是相对较难的击发姿势。要保持平衡,就必须让肩膀前倾,保持肩膀的垂线位置在骨盆前方。

以右手扣扳机为例,左腿应向前跨出一大步,保持竖直并有弹性,用来承受身体的大部分重量。尽量使左肩(在前的肩膀)的垂线与左膝重合,也就是尽量让肩膀和膝盖的连线处于一条和地面垂直的直线上。这样可以保证身体重心始终平稳地处于合理、合适的位置(图 3-1-1)。

野战实战中进行立姿射击时,后腿应处于近乎绷直的状态,以便阻止上身后

图 3-1-1　立姿射击

仰。因为,在精神高度集中的危险对弈时刻,人们的应激反应是腿软、膝关节弯曲,所以,不要让前后脚处于一条直线上。那样容易导致上身倾斜,使枪口偏离目标指向,进而影响瞄准目标的速度和准确度。

立姿射击的要点如下:

(1) 枪托顶肩要顶实,顶在胸肌和三角肌之间的位置。

(2) 射击手的大拇指停靠在槽上方,指向目标。

(3) 保持重心在两脚之间。

(二) 跪姿射击

正确的跪姿射击姿势要点:肩膀前倾,双腿呈弓箭步跪姿,重心偏向前方。以右手扣扳机为例,右腿屈膝弯折,直到小腿和脚跟贴到大腿为止,注意只用前脚掌着地,脚跟抬起。左腿支撑在地上,左右腿好像一个炮架。这种姿势提供了一个很稳固的射击基础(图 3-1-2)。

图 3-1-2　跪姿射击

1. 跪姿射击外形(图 3-1-3)

图 3-1-3 跪姿射击外形

(1) 支撑面。射击者右脚脚掌压于支撑物中央,臀部坐在右脚跟上,右脚左右倾斜≤45°,左脚伸出与右脚尖、右膝构成三角形支撑面,右脚与射击方向的夹角约为 80°。由于射击者的体型不同,因此所选择的支撑面形状也不同,而支撑面形状与射击方向的位置关系,决定着跪姿射击的基本姿势。

(2) 躯干姿势。跪姿预备时,要求脊柱自腰骶关节处先向左后方倾斜,再往右前方弯回,脊柱弯曲成弓形,使上身的重量主要落于右膝支撑点上。

(3) 左腿姿势。左膝是枪体重力的支点,跪姿左腿姿势的固定,主要靠肌肉的协调用力来实现。要求左小腿基本垂直,也可稍前或稍后,脚掌内旋与射向约成 40°夹角。左腿姿势的协调固定,可对枪支的稳定性起到直接作用。

(4) 左臂姿势。左臂姿势依靠两个三角形固定:一是由左手、左肘、左肩构成的托枪三角形;二是由左手、左肩、右肩所构成的近乎水平位的三角形。

(5) 右臂姿势。射击者枪托抵肩、握把后,右臂自然下垂与躯干的夹角约成 35°,枪托抵肩位置尽量靠里,抵于胸大肌和三角肌之间。抵肩要紧,右手握把要实,保持人枪结合紧凑,整体性好。正确完成扣扳机动作,是右手的主要任务。

(6) 头部姿势。头部姿势确定的原则,一是方便瞄准;二是利于颈部肌肉的放松。要求头部稍前倾,贴腮瞄准,贴腮用力应正直向下作用于枪托,以避免因贴腮用力不当而引起肩胛带肌肉的紧张,应尽可能保证颈部肌肉自然放松。

2. 跪姿姿势类型

跪姿姿势根据不同支撑面和不同总重心位置可分成两大类型。

(1) 近似等腰三角形支撑面式。这种姿势的左腿与右腿之间的夹角约为

60°,总重心投影位置在支撑面内稍偏左(指身体后背方向)。其优点是上体比较自然舒展;缺点是肌肉紧张度大,保持姿势的持久性差。

(2) 任意三角形支撑面式。这种姿势的沙袋与射向之间的夹角约为45°,右腿与左腿之间的夹角约为50°,总重心投影位置靠近支撑面中央。其优点是上体前倾度较大,人枪结合紧凑,力量易于集中,整个姿势比较自然;缺点是左臂负荷大。这种姿势为国际国内射击者普遍采用。

3. 跪姿姿势调整

(1) 重心调整。先转体后坐下,腰部呈弓形,双肩正直下沉,但不得过分放松,以免引起躯干右移,导致重心投影位置改变。

(2) 指向调整。当枪支不能正确地指向目标时,在保持射击者整体姿势动作的前提下,可采取以下调整方法:左脚掌移近移远、移左移右;左肘移至膝盖前部或移至膝盖上;增大或减小左手在肘关节处的屈曲度;改变左手托枪前后的部位;调整沙袋的高低;调整托底板的位置等。

(三) 卧姿射击

在野战运动三种射击姿势中,卧姿射击是容易学习和掌握的一种姿势。卧姿姿势所构成的支撑面比立姿和跪姿要大得多,由枪支与身体结合组成的总重心位置低,整个姿势具有良好的稳定性(图3-1-4)。

图3-1-4 卧姿射击

1. 卧姿外形

(1) 躯干姿势。躯干投影与射向的夹角较小,保持在10°~20°,以利于整体姿势结构紧凑、牢固,肩部肌肉自然放松。“夹角”缩小,身体的重心靠近射线,有助于增强人枪系统的平衡稳定性。

(2) 腿部姿势。左腿伸直与身体左侧成一条直线,脚尖着地;右腿自胯、膝处屈曲,身体重心左移,形成左侧胯骨切实贴地,右胯悬空,腹部卧于垫上,这就减轻了胸、腹部的压力,使呼吸自然、血液循环畅通,利于腰、背、腿部肌肉放松。

(3) 左臂姿势。枪带套于左臂的中上部,这样可以避开肱二头肌、肱三头肌的肌腹,减小皮带压力对左臂血液循环的影响;还可以有效地利用皮带的拉力,使上臂、前臂与皮带所连成的三角形更加牢固,以肘的左后侧着地(垫子),左前臂与枪大体保持在同一垂直面上。

(4) 右臂姿势。右臂姿势对左臂姿势起着平衡与加固的作用,其主要任务是便于食指完成正确的扣扳机动作。在射击者完成抵肩动作后,右手握把,以食指指腹部位压扳机,在不改变左臂姿势平衡结构的前提下,肘部自然着垫、抵实,保持举枪动作的协调平衡。

(5) 头部姿势。射击者头部自然抬起,腮贴于木托,贴腮时力量要正直向下,不得有向右推枪或用力压枪的动作,保持整体姿势结构的力量平衡。

2. 卧姿姿势类型

(1) 双腿直伸式。身体与射面的夹角比较大,两脚外旋,脚尖向下,总重心位置在支撑面内稍左。这种姿势的优点是,身体俯卧的面积大,头部贴腮自然,左臂负担量相对较小,适于使用标准步枪而身材又比较匀称的射击者。其缺点是,由于躯干以下全部俯卧,增大了腹部受压力量,使腹式呼吸的射击者呼吸有所不便,持久性和一致性较差。

(2) 左腿直伸右腿屈曲式。躯干与射向投影夹角小,左腿随躯干自然伸展,脚直立或自然倾斜,右腿随膝关节自然屈曲,身体重量偏左,总重心位置在支撑面左侧。这种姿势的主要优点是,右腿自然屈曲后身体重心左移,右侧腹部着地面积减小,整个姿势的力量易于集中,动作自然,利于维持姿势的稳定和持久。对于身体比较高大壮实的射击者,采取这种姿势更为适宜。其缺点是,枪与身体大部分重量偏左,增大了左臂负担量,对于身体矮小、臂力不强的射击者,有负重较大之感。比赛实践证明,左腿直伸右腿屈曲式卧姿,已被世界各国步枪射击者所普遍采用。在我国,采取这种姿势的射击者也越来越多。

3. 卧姿姿势调整

(1) 枪带的利用。正确利用枪带的要求:

① 皮带套于左大臂的中上部,并利用钩子固定在射击服上,同时左肘不过分前伸,这样能够较好地防止皮带下滑。

② 预备姿势基本完成之后,在左大臂、小臂肌肉自然放松的情况下,左小臂无左右倾斜之感,证明两股皮带的拉力处于平衡状态。

(2) 枪支自然指向的调整。步枪射击时,在确定一个正确射击姿势后,射击者应十分熟悉调整姿势的要领和方法,在每次射击之前应对姿势进行自我检查,调好枪支的自然指向。之后,射击者闭眼并屏气,将枪指向目标大致的方向,睁开眼睛后,如果发现瞄准线偏离目标,保持左肘不移动,调整身体的角度,使瞄准线接近瞄准点。若枪的指向离目标太远,则应重新调整。

二、野战运动的瞄准技术

所有瞄准讲究三点一线，即靶心、准星与缺口三个点上的位置，看过去应该是一条直线。

（一）保持三点一线（图 3-1-5）

图 3-1-5　三点一线

举枪姿势和端枪姿势完全养成后，就开始着重练习瞄准，瞄准在实战中非常重要。

射击的训练主要在于良好瞄准关系的养成。瞄准不是单纯的端枪，要透过准星去看缺口和靶心。从站立到瞄准的动作实际上可以分解成十几个，甚至几十个小动作，每天，甚至每周、每月都训练这个动作，让这个动作程式化、固定化。这样，每次举枪、端枪就不是单纯地从外观看，而是从已经熟悉的肌肉感应去感觉，这样才能够保证每次端枪的位置都是一样的。

（二）良好的瞄准关系

常规所接触的瞄准关系有两种：一种是追求绝对的平稳，就是在练习的过程中追求射击者射击时刻枪支的绝对平稳；另外一种是追求相对的平稳，在练习的过程中寻找枪支晃动的规律（枪支是不可能不晃动的），在晃动的过程中寻找合适的射击时机。当射击者找到自己的晃动规律后，在枪支晃动过程中，快接近靶心的时候开始射击。这样，“子弹”的出膛加上晃动的角度，两个运动的合成正好能够使“子弹”到达靶心。射击者开始训练的时候追求绝对的平稳，而绝对的平稳持续时间是很短的，可能都不到 0. 01 秒，很不好把握。后来要追求相对的平稳。无论哪种方式，都需要做到稳、准、快。

（三）把握射击时机

掌握最佳射击时机是野战运动瞄准环节的精髓。在养成自我良好的瞄准关系后，接下来便是射击。射击的要诀其实只有八个字：有意瞄准、无意响枪。就是说，你可能很用心地去瞄准了，但却不知道什么时候扣动了扳机。虽然有点令人难以置信，但事实确实如此。训练过的人都知道，扣扳机有个“二道火”。在瞄准的时候，不能把食指全部放到扳机上，而要用食指指肚轻轻搭在扳机上，慢慢加力，开始预压，寻找自己的“二道火”。在找到后，就要注意射击时间了。

（四）射击完成后的落枪

严格讲来，射击完成后的落枪应属于瞄准的技术环节，但它也是射击者最为忽略和不加注意的技术。运动都有个过程，如果射击后直接落枪，虽然瞄准关系非常到位，但有可能在射击目标上发生偏离了。射击后停留一秒钟再落枪，若发现对手仍在瞄准范围而未被击中时，可第一时间进行补救处理，避免重复动作浪费时间而遗失战机。

（五）掩体后的瞄准

在建筑物的拐角后面射击时，首先要掌握平衡，要让左脚向左、右脚向右，可能还要将一条腿和半个身体探出掩体。后腿保留在掩体内，尽量让胯骨距离掩体远一点，以便让肩膀有足够的活动空间。野战运动所用的彩弹击发器或激光击发器均有力量不大的后坐力，适宜于各种掩体后的探身射击。

为了尽量减少身体暴露的面积，增加操控能力，将枪械贴住掩体的边沿是很重要的，这并不会影响射击准确度或者改变瞄准点的位置。事实上，目标应当处于瞄准范围内，这样做可以增加单发命中率。在搏命的战斗中，人体会缩紧，从而能有效地保持平衡，缓和不适感；加之肾上腺素飙升，人体忍耐疼痛的能力会加强，会将在训练中的那种不适压制下去。

三、野战运动射击的衔接技术

人与枪的关系始终是野战运动的核心内容，“枪不离身”是其最基本的要求。由于地形、地貌及对方位置的复杂多变，野战运动员、野战运动参与者要在携枪行进过程中进行各种姿势的瞄准射击，这就要求有一套合理的衔接动作，才能在短时间内迅速取得实战效果，实现战略目标，顺利完成任务。

（一）卧姿射击动作连接（图 3-1-6）

（1）当身体朝着射击方向时，脚踏前一步。

（2）右脚尖朝右方扭动，令身体与瞄准方向成 30°～45°。

（3）双膝着地，身体朝向前方（非目标方向）跪下。

（4）上身顺势前倾伏下，左手伸直先着地作缓冲，不要让枪械撞在地上。

（5）双臂肘着地，双脚自然分开，脚踵内侧紧贴地面。

（6）身体完全俯伏下来，与瞄准方向保持 30°~45°。

图 3-1-6 卧姿射击动作连接

（二）坐姿射击动作连接（图 3-1-7）

（1）从机动中进入坐姿射击姿势。

（2）左手靠向身体左后方，左脚踏前一步。

（3）屈膝向后坐下，双眼盯紧瞄准方向，臂部着地时，左手从后方支撑身体。

（4）两脚脚跟着地，两脚相距 60~90 厘米。

（5）双手肘支撑于双膝内侧。

（6）上身稍向前倾，与瞄准线成45°。

（7）双肩保持水平。

（8）右手拉紧扳机，使枪托紧压着肩膀。

图 3-1-7　坐姿射击动作连接

（三）跪姿射击动作连接（图 3-1-8）

（1）从机动中进入跪姿射击姿势。

（2）身体与目标成45°，左脚踏前一步，并与瞄准线处于同一垂直面。

（3）双脚屈膝跪下。

（4）右臂垂下，与水平面成40°。

（5）身体稍向前倾。

（6）左手肘支撑在左膝前方，左腿朝向目标方向，双肩与瞄准线成45°，臀部坐于右脚跟上，体重经右脚传至地面。

图 3-1-8　跪姿射击动作连接

四、野战运动射击训练的基本原则

（一）狠抓基础，注重运用

射击训练，必须按照训练大纲和教材规定的内容与要求以及射击训练的规律实施，从基础抓起，狠抓基本功训练，扎扎实实打好射击基础。在练好基本功的基础上，要从难、从严、从实际出发，着重抓好应用射击训练和多功能训练。特别是要想方设法缩小与实战要求的差距。因此，教练员要有“练为战”的意识，创造条件多在生疏、复杂、困难的条件下进行近似实战的应用射击训练。训练中，要把练技术同练战术、练思想、练作风紧密结合起来，使射击训练符合实战要求。

（二）分步细训，循序渐进

射击训练，应根据其特点和规律，按照由浅入深、由易到难、分步细训、循序渐进的原则进行。做到先基础、后应用，先分步练习、后综合练习，先练分解动作、后练连贯动作、先练一种比赛器材、后练多种比赛器材，使野战运动员、野战运动参与者有次序有步骤地提高和熟练掌握射击技能。

（三）启发诱导，形象直观

射击训练应贯彻启发诱导、形象直观的原则。充分利用多媒体课件、图表、实物、模型、实验和其他电化教学等各种直观形式，善于采取各种有效方法启发诱导，调动野战运动员、野战运动参与者的积极性和能动性，以达到事半功倍的训练效果。

（四）因人施教，方法多样

由于野战运动员、野战运动参与者的射击基础和文化程度不同，其对新知识的接受能力和实际需要也就不一样。因此，讲授的内容和所采取的教学方法不能千篇一律，应因人而异，根据不同的情况，灵活地运用不同的方法，使野战运动员、野战运动参与者“吃得饱”或“吃得了”。要做到因人施教，教练员在课前必须做好调查研究工作，摸清教学对象的文化水平、接受能力、原来的基础和现在的要求等，根据不同的对象确定讲授的内容和方法，以加强教学的针对性，做到有的放矢。一般来讲，集中讲课应从大多数学员的实际水平出发，以满足大多数学员的需要。对少数基础差的学员，可采取重点辅导和课外辅导等方法予以弥补。

（五）严格训练，严格要求

只有严格的射击训练，才能练出过硬的技术，防止事故发生。因此，一要严格执行射击规范，不降低标准，不弄虚作假。因为射击规范是根据实战要求和循序渐进的原则来制定的，它统一了全军射击训练的内容和检查训练效果的标准。如果随意砍掉内容和降低标准，那么训练出来的射击者在射击技能上就有缺漏。二要在训练质量上严格把关，不走过场。对每个训练问题、每个细小动作都要求射击者反复练习，一丝不苟，达到准确熟练。三要在训练作风上严格要求，统一训练内容和动作，认真执行训练场的有关规定和要求，周密组织，严格把关。

（六）严密组织，确保安全

射击训练的组织工作要细致周密，安全措施要具体明确，经常检查落实。练习中要严格遵守操作规程，防止比赛器材损坏和事故发生。使用比赛器材前后，要认真组织验枪、验弹。严禁枪口对人。实弹射击时，要严格按照有关规定和安全规则实施。

第二节　野战运动的掩体运用技术

在阵地战中，掩体作为可以抵挡对手攻击的障碍物，能够很好地保护射击者，同时也会对射击者的攻击造成影响。因此，合理利用掩体，有助于获得胜利。在确定对方的位置之后，野战运动员、野战运动参与者可以举枪瞄准，等待对面掩体内对手起身，经验丰富的射击者可以直接瞄准头部位置，新手则需要慢慢地摸索。

一、掩体的种类及功能

野战运动赛场分为野外赛场和室内赛场，所涉及的掩体种类非常丰富，大致可分为以下几类：其一，是人防工事，包括散兵坑、碉堡、堑壕等；其二，是固定掩体，包括建筑物、树干、土丘等；其三，是可移动掩体，主要是由厂家生产的各类掩体。

掩体的作用就是降低对方火力对我方人员的杀伤力，提高我方人员的生存能力，从而提高战斗效能。

（一）散兵坑

散兵坑是对单人起防护作用的环型防护工事。对于对手的激光发射器火力、炮弹弹片、飞机进行的扫射或轰炸以及坦克的辗压，散兵坑均可对人员提供极佳的防护。对于野战运动而言，散兵坑的深度便于队员采用多种射击姿势，同时又为队员提供了较高程度的安全防护。

室外野战运动场构筑的散兵坑，一般不在旷野开阔地上，因而无须构筑胸墙，但由于野战运动的射击目标集中于头盔，因此顶盖有必要加高，此外还应在新土上加盖草皮或其他天然伪装物。散兵坑基本上分为单人的和双人的两种，针对野战运动而言，无论哪种散兵坑，均应以便于射杀对手、利于自身防护为要务。

野战运动的散兵坑应符合如下要求：

（1）应以舒适合用为准，尽量小一些，尽可能避免成为对手的攻击目标。

（2）宽度应使人员坐在踏跺上时足以容纳双肩。

（3）深度应使人员站在踏跺上时可以有效地射击或操作其比赛器材——激光发射器。

（4）应留出供人员射击时放置臂肘的足够宽度。

（5）伪装草皮外貌应与周围的地面一样。

(6) 可供人员蹲伏并使其头部与地面之间保持足够距离。

(二) 建筑物

在防御战中,为了减少伤亡,阻碍对手进攻而在有利地形上构筑的筑城工事,包括射击工事、交通工事和掩蔽工事。

射击工事有掩体、堑壕、火器座等;交通工事有暗壕、堑壕、交通壕等;掩蔽工事有掩壕、掩蔽部、猫耳洞等,以及其他可供人、物隐蔽用的工事等。防御工事也可按防护性能、所用材料、结构和构筑条件等进行分类。

(三) 树木

野外场地具有丰富的自然掩体,比如房屋、树木、土丘、草丛等,这些都是野战运动中可资利用的自然掩体,尤其当野战运动员、野战运动参与者身着迷彩服,脸上涂满油彩在丛林中潜行时,这些自然植被将成为最好的天然掩体。

(四) 可移动掩体

可移动掩体主要是指由厂家生产的各类掩体,包括充气掩体、积木障碍物、野战帐篷等。这些可移动掩体是野战场地设计的主要元素。

二、掩体的合理利用

合理利用各类掩体,是野战运动技战术的重要组成部分,也是成熟运动队的标志。

(一) 对坎的利用

坎有纵向、横向和高低之分。横向坎要利用背敌面隐蔽身体,纵向坎要利用弯曲部、残缺部或顶端的一侧隐蔽身体,以其上沿做射击依托。

接近坎时,通常应采用跃进的方法。当进至坎的最大遮蔽界后,迅速卧倒,再匍匐至坎的底部,视情况可左右移动,选择好利用的部位。占领时,应由下而上地占领,隐蔽地进行观察。需要射击时,应迅速出枪。占领后,应不断观察战场,选择好前进的路线和暂停的位置。转移时,迅速收枪缩体,视情况可采取左右移动、扬土、施放烟幕等方法欺骗和迷惑对手,突然跃起(出)前进。当对方火力被我方压制时,可直接跃起(出)前进。

(二) 对土堆的利用

对独立土堆,通常利用其右侧,视情况也可利用其左侧或顶端。对空射击时,通常利用其后侧或顶端。接近、占领土堆和转移的动作与利用坎时类似。

(三) 对坑的利用

通常利用坑前切面隐蔽身体,利用其上沿作射击依托,按其深浅、大小,以跳、跨、匍匐等方法进入,取立、跪、卧等姿势射击。跳入动作通常是进入较深的坑时采用。其要领是右手持枪,左手撑坑沿顺势跳入坑内。跨入动作通常是在进入较浅的坑时采用。其要领是接近至坑沿时,左脚迅速跨入,顺势侧卧于坑内。滚入动作的要领是卧倒后迅速滚到坑沿,观察后再进入。转移时,应根据坑的深浅,采取不同的方法,突然跃起前进。

(四) 对壕沟的利用

通常利用壕沟、壕壁或拐弯处隐蔽身体,利用其上沿或拐角作射击依托。

(五) 对树木的利用

通常利用树木背敌面隐蔽身体,利用其右后侧做射击依托。利用大树时,可取立、跪、卧等姿势;利用小树时,通常采取卧姿。

(六) 对高苗地、丛林地的利用

对高苗地、丛林地,通常应尽量利用靠近对方位置的边缘内侧,以便观察和射击。通过高苗地时,右手持枪,左手分开高苗侧身前进。

(七) 对墙壁、墙角、门窗的利用

利用墙壁时,根据其高度取适当姿势。对矮墙可利用顶端或残缺部作射击依托。墙高于人体时,可将脚垫高或挖射击孔。转移时,可绕过或跃过。

利用墙角时,通常利用其右侧作射击依托。射击时,左小臂外侧紧靠墙角,取适当姿势。

利用门时,通常利用其左侧,右臂依靠门框进行射击。

利用窗时,通常利用其左下角,也可利用其左侧或下窗框射击。

第三节 野战运动的身体技术

野战运动的专项身体技术对运动成绩起着直接影响,必须常抓不懈,坚持从严要求,方可达到理想效果。

一、野战运动中的身体移动

(一) 直身前进

直身前进是在距对手较远,地形隐蔽,对方观察、射击不到的地理位置时采用的运动方法。

口令:“向××——直身前进”。

动作要领:目视前方,右手持枪,大步或快步前进。

(二) 屈身前进

屈身前进是在遮蔽物略低于人体时采用的运动方法。

口令:“向××——屈身前进”。

动作要领:目视前方,左手持枪,上体前倾,头部不要高出遮蔽物,屈身程度视遮蔽物的高低而定,大步或快步前进(图 3-3-1)。

(三)跃进

跃进是在对方火力下迅速通过开阔地时采用的运动方法。根据情况可采取持枪跃进或端枪跃进。跃进前,应先观察前方地形,选择好前进路线和暂停位置,然后迅速前进。跃进时要做到跃起快、前进快、卧倒快。

图 3-3-1　屈身前进

1. 持枪跃进

持枪跃进通常在距对手较远,地形平坦时采用。

口令:“向××——持枪跃进”。

动作要领:卧姿跃起时,可先向左(右)移(滚)动,以迷惑对手。学员应迅速收枪,同时屈左臂,右手持枪,以左手、左膝、左脚支撑力将身体支起,右脚向前迈出一大步,左脚再迈出一大步的同时,左手挑起枪背带,压于右手拇指内侧,出右脚迅速前进。跪姿、立姿时,应迅速利用两脚的蹬力跃起前进。前进时,右手持枪,目视前方,屈身快跑。跃进的距离根据对方的威胁程度、地形特点和学员的身体素质而定。对方火力越猛,地形越开阔,速度应越快,跃进的距离越短。学员体质较强时,跃进距离可适当增加。通常每次跃进速度 5 米/秒,跃进距离不超过 30 米。当跃进到暂停位置或遭到对方猛烈射击时,应迅速隐蔽或卧倒。

2. 端枪跃进

端枪跃进通常在距对手较近或通过复杂地段时采用。

口令:“向××——端枪跃进”。

动作要领:卧姿跃起时,可先向左(右)移(滚)动,以迷惑对手。而后迅速收腹、提臀,用肘、膝支起身体,左脚先上步,右脚向前跟进,迅速前进。跪姿、立姿跃起时,应迅速利用两脚的蹬力跃起前进。前进时,左手稍离开身体,左小臂略平,左手虎口正对枪面,右手握握把,枪托轻贴右胯,枪身与地面约成 45°。枪托抵肩窝,右手握握把,左手握小握把,枪口向前,两腿弯曲,上体前倾,收腹含胸,屈身快跑(图 3-3-2)。

(四)匍匐前进

匍匐前进是在通过敌方步枪、机枪火力封锁地段较短或利用较低的遮蔽物前进时采用的运动方法,根据遮蔽物的高低可分为低姿匍匐、侧身匍匐和高姿

图 3-3-2　端枪跃进

匍匐。

1. 低姿匍匐

低姿匍匐通常在遮蔽物高约 40 厘米时采用。

口令:“向××——低姿匍匐前进”。

动作要领:腹部贴于地面,屈右腿,伸左手,用右脚内侧的蹬力和左手的扒力使身体前移。在移动的同时,屈左腿,伸出右手,用左脚内侧蹬力和右手的扒力使身体继续前移,依次交替前进。携枪时,右手掌心向上,枪面向右,虎口卡住机柄或握护木,并握住背带,枪身紧靠右臂内侧;也可右手虎口向上,握住枪的上背带环处,食指卡住枪管,将枪置于右小臂上。携枪时,右手握大握把,掌心向上,枪面向右,枪身紧靠右臂外侧。

2. 侧身匍匐

侧身匍匐通常在遮蔽物高约 60 厘米时采用。

口令:“向××——侧身匍匐前进”。

动作要领:身体右侧及右手着地,右大臂向前倾斜支撑上体,右腿弯曲,左腿收回,右脚靠近臀部着地,左手握枪,用右手和小臂的扒力和左脚跟的蹬力使身体前移(图 3-3-3)。

图 3-3-3　侧身匍匐

(五) 滚进

滚进是在卧姿时,为避开对手观察、射击而左右移动或通过棱线时采用的运动方法。

口令:“向××——滚进”。

动作要领:关上枪保险,左手握枪表尺上方,右手握枪颈附近或两手握上护木,枪面向右,顺置于胸、腹前抱紧,两臂尽量向里合,两脚腕交叉或紧紧并拢,全身用力向移动方向滚进(图 3-3-4)。

运动中,也可在卧倒的同时向移动的方向滚进。其要领:右(左)脚向前一大步,右手在右(左)脚前着地,身体尽量下塌,左手将枪置于小臂内,身体向左

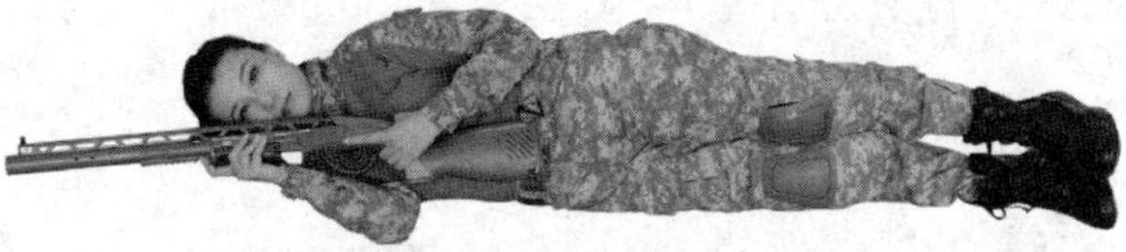

图 3-3-4　滚进

(右)侧,枪面向右,在左(右)臂、肩着地的同时,向左(右)滚进(图 3-3-5)。滚进时,左(右)腿伸直,右(左)腿微曲,滚进距离长时可两腿夹紧,还可按持枪卧倒的动作卧倒,然后向左(右)滚进。

图 3-3-5　运动中滚进

二、野战运动中的身体应急

临危反应动作是野战运动员、野战运动参与者进行长期训练后,面临危险境地时而特有的一种应激反应。它包括动作、技能、动作与技能相结合三部分内容。

(一) 倒地、闪身

1. 滚翻卧倒

动作要领:在自然站立的基础上,持枪或端枪,低头、含胸、侧身的同时两腿屈膝下蹲;两脚向左蹬地,低头、团身,以右肩、背部、臀部、双脚依次着地滚动;左手撑地,两腿后伸,身体正面着地,呈卧姿战斗姿势。

2. 双腿跪坐

动作要领:在自然站立的基础上,左脚上步,收腹、含胸、上体前倾,双腿屈膝,双手协同出枪;右脚前移与左脚平行,上体后倾,双膝前伸着地,臀部后坐,呈双腿跪坐姿势,枪口指向目标。

3. 左右闪身

动作要领:在自然站立的基础上,左(右)脚突然向左(右)侧滑出一步,同时身体重心下降,两腿自然分开呈半蹲状,双手持枪呈战斗姿势,枪口指向目标。

4. 撤步闪身

动作要领:在自然站立的基础上,左(右)脚突然向左(右)后侧滑出一步,同时身体重心下降,两腿自然分开呈半蹲状,双手持枪呈战斗姿势。

(二) 转向

1. 立姿停止间转向

(1) 停止间右转。

动作要领:右脚向右后撤步,以左脚为轴,右脚向右转。转体的同时,右手取枪,呈立姿双手据枪战斗姿势。

(2) 停止间左转。

动作要领:右脚向前迈步,以左脚为轴,身体向左转,转体的同时,右手取枪,呈立姿双手据枪战斗姿势。

(3) 停止间后转。

动作要领:右脚向右后迈步,以左脚为轴,身体由左向右转。转体的同时,右手取枪,呈立姿双手据枪战斗姿势。

2. 行进间转向

(1) 行进间右转。

动作要领:左脚在前时,以左脚为轴,右脚向右后方撤半步,身体向右转。右脚在前时,以右脚为轴,左脚向右前方迈步,身体向右转,转体的同时,右手取枪,呈立姿双手据枪战斗姿势。

(2) 行进间左转。

动作要领:左脚在前时,以左脚为轴,右脚向前迈步,身体向左转。右脚在前时,以两脚掌为轴,身体向左转。在转体的同时,右手取枪,呈立姿双手据枪战斗姿势。

(3) 行进间后转。

动作要领:右脚在前时,身体向左向后转,右脚跟上。左脚在前时,身体向右向后转,转体的同时,右手取枪,呈立姿双手据枪战斗姿势。

3. 行进间转身成跪姿

(1) 行进间向右转。

动作要领:左脚在前时,以左脚为轴,身体向右转,右脚向右迈步,跪左膝。转体的同时,右手取枪,呈跪姿双手据枪战斗姿势。

(2) 行进间向左转。

动作要领:左脚在前时,右脚向右前方迈一步,以左脚为轴,身体向左转,左脚向左迈半步,跪右膝。右脚在前时,按以上要领转体后,左脚向左迈一步,跪右膝,转体的同时,右手取枪,呈跪姿双手据枪战斗姿势。

(3) 行进间向后转。

动作要领:左脚在前时,右脚向左前迈一步,以两脚为轴,身体由左向后转。

右脚在前时，按以上要领转体后，左脚向左前方调整位置，转体的同时，右手取枪，呈跪姿双手据枪战斗姿势。

4. 行进间转身成卧姿

(1) 行进间向右转。

动作要领：左脚在前时，向右转体，同时右手取枪，按卧倒要领卧倒，成卧姿战斗姿势（可将左拳垫在右手腕下部，右手据枪）。

(2) 行进间向左转。

动作要领：右脚在前时，向左转体，同时右手取枪，按卧倒要领卧倒，成卧姿战斗姿势。

三、野战运动中的潜伏与前行

潜伏与潜行是野战运动中运用最广泛的技术，其执行效果直接影响全队战略计划的实施。

（一）潜伏

潜伏是野战运动员、野战运动参与者为侦察对手情况或进入发起突袭位置，而在对方占据的区域附近隐藏起来，监视对方的行动。潜伏时，要保持肃静。

1. 潜伏准备

接受潜伏任务后，应在规定的时间内，充分做好准备工作。分析对手情况，熟悉任务，确定潜伏地点，选择接近和回撤路线，准备指挥、通信和伪装器材。

潜伏位置应根据对手情况、地形、任务而定，通常由上级指定。自行选定时，要选择便于观察和出动，便于隐蔽和伪装，便于与上级联络的位置；尽量避开独立明显、透空的物体，避开声音嘈杂的地点和对方容易观察的地段（方向）。

2. 进入潜伏位置

进入潜伏位置后，应进一步熟悉方位物、地形、对手情况，观察地点，重点观察地段（方向）、联络信（记）号，判明对方可能接近的方向和可能利用的地形；改造潜伏位置地形，构筑卧射、跪射或立射掩体，并严密伪装；对比赛器材——激光发射器、弹药、电台、电话、发亮及音响器材等进行检查和伪装。

3. 潜伏时的动作

潜伏时，注意隐蔽，保持肃静，做到看、听、判紧密结合。对阴暗处和易于对方接近的地点，应特别注意观察，夜间在开阔地判定光源的距离应视光源的种类而定。夜间长时间潜伏，易于过度紧张或疲困，必须集中精力，沉着冷静，周密观察，正确判断，及时准确地发现对方。

潜伏需进行潜听时，如有可以传导的坚硬地面、铁轨、墙壁等物体，可将耳朵贴在传导声音的物体上，也可在潜听位置挖一个小土坑或将罐头盒等埋在地下，将耳附于近旁,提高潜听效果。需在潜伏区实施窃听对方有线电话或捕捉对方位置时,应选择有利位置,周密准备,稳妥实施。

(二) 潜行

潜行是野战运动员、野战运动参与者隐蔽行进和秘密部署的重要方式,主要用于接近、渗透、侦察、包围、袭击行动。潜行通常在夜间进行。

1. 潜行准备

潜行前应了解对手情况,明确任务,研究地形,选择潜行路线和停留观察点,选定明显的方位物,牢记指挥联络信(记)号,并按要求充分准备,严格检查。

2. 潜行动作

潜行中,要不断观察对手情况、地形,保持运动方向,随时做好战斗准备;要保持肃静,尽量避免咳嗽、打喷嚏。不得吸烟、打手电和大声说话,跌倒或失去联络时,不得高声呼唤。

3. 不同地形上的潜行方法

当距对方位置较远,在对方夜间观察距离以内的开阔地潜行时,运动姿势要低,跃进距离要短,尽量避免横向运动。距对方位置较近时,两腿弯曲,脚稍抬高,轻轻着地,步幅略小,持枪或端枪前进。视情况,也可采取低姿匍匐,慢速前进。

进入街区时,要尽量贴墙前进;进入宅院时,要防止惊扰家禽或宠物。

需要攀上建筑物顶部时,要选择黑暗的角落实施攀登,并注意避开透空处,不可碰撞玻璃,在屋顶的动作要轻。

上坡时,提起枪,脚抬高,脚掌先着地,身体前倾,全脚踩稳再前进。距对手较远时,可屈身前进;距对手较近时,应根据坡度和遮蔽物高低取适当姿势。下坡时,应尽量利用冲沟、树木、草丛等地形前进。坡陡时,应屈腿侧身,以手扶地,防止下滑。

在高草(苗)、丛林地潜行时,观察不便,易发出声响,为便于隐蔽,要仔细观察与潜听,用手将草(苗)或树枝轻轻分开,利用其间隙侧身前进。接近边缘时,姿势要低,并作短暂停留,判明情况后再前进。

四、野战运动单人战斗技术

作为运动队的组成单位,每一位成员的个体能力决定了整个集体的最终成绩。

(一) 单人战术的基础训练

单人战术基础训练是指对单个野战运动员、野战运动参与者进行的战术训练。目的是培养和锻炼野战运动员、野战运动参与者在各种情况下完成比赛的能力。主要内容有攻防战斗和警戒，侦察、夜间等基础课目中的单人动作。进攻战斗中的单人动作，主要训练利用野战运动场地地形，准备冲击与实施冲击等内容。

防御战斗中的单人动作，主要训练防御准备，消灭突入对手。警戒、侦察，主要训练担任步哨、潜伏哨、游动哨和侦察员时的动作。此外，还要训练着装与紧急集合，判定方位，简易通信，观察与潜听，静肃行进，按方位角行进等内容。

野战运动员、野战运动爱好者为掌握参赛的专业知识和技能所进行的训练，目的是提高在各种条件下履行比赛活动要求及在集体内协同动作的技能。一般分专业知识、专业技术和专业战术训练。具体内容根据各专业激光发射器装备、任务特点而有所不同。野战运动员、野战运动参与者通常由学校和俱乐部等组织实施训练，专业运动员由专业技术院校实施训练。专业训练，技术性强，内容繁多，通常按照不同人员选定训练内容，在完成专业基础训练的前提下，进行应用训练，特别是复杂气象条件下的适应性训练。训练中强调从难、从严、从实战出发，重视一专多能，以求在各种复杂情况下，迅速、准确、熟练地完成比赛活动。随着现代科学技术的发展，新技术、新装备的广泛采用，激光发射器比赛装备系统更复杂，专业性、技术性更强，更需要专业训练。

（二）单人作战技术

（1）接到开机信号就代表战斗开始，应放下一切杂念做好一切准备应对任何情况，同时记得马上上弹。

（2）凡事一定要冷静，不可冲动。但也不可犹豫，否则将贻误战机。

（3）行动或站立时不要在日光下面，尽量选择光线较暗处，否则很容易暴露目标。

（4）行动或隐蔽时尽量保持低姿。

（5）移动前先选择好下一个隐蔽地点，并且移动速度要快，要做到静若处子，动若脱兔。

（6）多学习手语，因为它是不需要充电而且很少受到干扰的沟通工具。

（7）用心瞄准、认真射击才能够击中对手，否则不但浪费弹药，还会暴露自己的位置。

（8）不要离开自己的队友（在作战时如果落单的话，你会发现你很容易被对手消灭。）

（9）不要跑到队友的枪口前（因为作战中，对手的“子弹”大多会从你的正面发射过来，而队友的“子弹”则会从你的后面发射过来。）

（10）当你单独面对的对手超过两人时，除非知道他们每人只有“一条生命”，否则就不要跳到他们面前主动攻击他们。最好的办法就是躲起来用冷枪对付他们。

（11）任何行动前都应该仔细观察行动区域的环境，想象一下如果是你在埋伏的话你会躲在哪儿。有一句话希望大家能够牢记“多观察才会少挨打”。

（12）在丛林作战时，耳朵是比眼睛更好用的观察器官。在丛林中，眼睛的有效观察距离有时只有 5~10 米，而耳朵却可以听到几十米乃至上百米距离的声响。

（13）不要横穿开阔地与走廊，除非万不得已。但要记住如果必须要横穿的话，千万不要犹豫且要有队友掩护你。

（14）在敌我不明的情况下，看到人要先开火。

（15）中枪后就不要在原地等第二颗“子弹”光顾，只要没有耗尽“生命值”就赶快离开。

（16）打伏击或偷袭的时候，好的撤退路线要比好的攻击位置重要得多。

（17）撤退时，要么有队友掩护你，要么有掩体掩护你，否则就不要撤退。

（18）撤退时，不要沿直线逃跑，因为你不可能跑得比“子弹”快，但是“子弹”却不会拐弯。

（19）不到全部战斗结束，千万不要放下比赛器材——激光发射器，否则后果将会很严重。

（三）单人作战技巧

野战运动作为一项新生事物，是使用高科技手段来模拟战场真人对抗的竞技性活动，因其特殊性，所以在听、看、判断、行走、掩蔽等方面存在一些作战技巧，具体表现在以下几个方面。

1. 野战运动中的静听

丛林野战中视野不够开阔，要想发现目标需要耳目并用。“听”就是对不能通视的地方，通过目标触动树枝、落叶等发出的声响或脚步声来发现目标。丛林地中，很多时候是靠听来发现目标的。

2. 野战运动中的观察

野战运动中的观察就是通过目标走过后留下的痕迹来发现目标。看时，特别是对大树、灌木丛和杂草繁茂等复杂地形以及其他便于敌方隐蔽的野战运动场地地形仔细观察，观察一段，前进一段。

3. 野战运动中的静走

野战运动中的静走就是不发出声响，敏捷地向前肃静运动，“静”是丛林地中隐蔽自己，发现目标十分重要的一点。行进中要集中精力，看准、踏稳，以防意外发出声响暴露目标。当然，静是相对的，如果战斗激烈的话，还要以快为主。

4. 野战运动中的掩蔽

在野战运动中，隐蔽的前提是周围地貌相对复杂，植被颜色接近野战运动员、野战运动参与者的野战服装。

5. 野战运动的判断

野战运动的判断就是通过听和看到的情况进行思索判断，判明各种可疑情况，定下决心。

第四节　野战运动的手语交流技术

在参加室外野战运动或各种形式的俱乐部野战活动中，参与者身着装备，头上戴着头盔，在特殊环境下进行沟通，如果光靠嗓子喊，那是远远不够的。因此，另外一种实用的沟通方式——手语，成为野战运动的重要沟通手段。手语是野战运动员一项必不可少的技能，在危机四伏的作战环境下，打手势可以用安静、直观、有效的方式传递信息，避免暴露目标。打手势贵在准确且言简意赅。

一、手语交流在野战运动中的作用及意义

在语言文字尚未出现的蛮荒时代，我们的祖先主要靠手势来沟通。当语言取代手语成为人类的交流工具后，那些远古达意的肢体符号渐渐隐去，幻化成不易被人们察觉的身体语言。现今，手语被广泛运用于聋哑人的特殊教育，并发展成一套世界性的沟通体系。手语交流在野战运动中，有其特殊的作用和意义。

1. 手语交流在野战运动中的作用

虽然目前无线通信技术空前发达，但在众多的信息交流手段中，旗语和手语仍是较为清晰有效的沟通方法。手语交流是野战运动中一项非常重要的技术，对运动队获取最终胜利，起着重要作用。具体体现在以下几个方面：

（1）避免暴露目标。攻防中，利用隐蔽、潜行接近敌手时，任何暴露都可能导致前功尽弃。运用娴熟的手语交流手段，能很好地避免行动目标暴露。

（2）简捷明了。和其他交流手段相比，手语的沟通交流十分简捷明了，只需一个简单的手势动作，同伴就能心领神会。

（3）快速达意。由于有一套约定俗成的手语体系，每个手势均有明确的意义，因此，手语交流能够起到快速达意的作用。

2. 手语交流在野战运动中的意义

（1）提供特殊环境下的沟通手段。在要求缄默或外界嘈杂的环境中，手语

是必要的沟通手段。

（2）增进同伴间的默契配合。野战运动始终处于动态变化中，同伴间的一致行动至关重要，手语能够最大限度地增进这种默契。

（3）提高运动队的凝聚力。野战运动队的战斗力，在于运动队成员之间的相互配合和成员个体对命令的执行力，手语无疑能够有效提高运动队的凝聚力。

二、野战运动中常用的手语类型

1. 指令类手语

指令类手语通常应用于运动队指挥者向其率领的队员发出各种行动指令，是野战运动中运用最广泛的手语类别。常用的指令类手语主要有：

（1）停止。

指令者张开非持枪手臂，手掌立起，五指并拢，掌心朝向受令者，保持不动，如图 3-4-1 所示。

（2）赶快。

非持枪手作握拳状态，然后弯曲手肘，举起手臂作上下运动，振动幅度无须太大，但速度不应过慢，如图 3-4-2 所示。

图 3-4-1　停止

图 3-4-2　赶快

（3）来！

非持枪臂屈曲上举，手指间紧闭，然后向着自己身体方向挥动，指示队员迅速向自己靠近，如图 3-4-3 所示。

（4）上！

屈曲手肘，前臂垂向地面，手臂形成 L 的形状，手指间紧闭，然后从身后挥动向前方，通知队员向前推进，如图 3-4-4 所示。

图 3-4-3　来

图 3-4-4　上

(5) 进入。

并拢指尖,伸开手臂,横在身侧水平挥动,如图 3-4-5 所示。

(6) 集合。

手做握拳状,屈曲手肘,食指垂直向上竖起,缓慢地作画圆圈的运动,如图 3-4-6 所示。

图 3-4-5　进入

图 3-4-6　集合

(7) 单纵队形。

举起手臂,屈曲手肘,手掌垂直前后作劈砍动作,如图 3-4-7 所示。

图 3-4-7　单纵队形

（8）V 字队形。

左手作握拳状，伸直手臂与身体成一定角度，然后摆动至后方，如图 3-4-8 所示。

（9）横向纵队。

非持枪手臂水平侧举，手部握拳，保持不动，如图 3-4-9 所示。

图 3-4-8　V 字队形

图 3-4-9　横向纵队

2. 应答类手语

应答类手语是受令者接到指令后，向发令者传达的领会信息。要求受令者在与发令者进行视觉沟通的同时，发出应答的手语动作。在应答类手语沟通过程中，受令者始终为被动方，如此才能避免沟通阻断或误判的发生。

（1）明白。

手臂向身旁伸出，手肘屈曲，手腕举至面颊高度并作握拳状，拳心向着指令者，如图 3-4-10 所示。

（2）不明白。

略微屈曲手臂，掌心向上，举至肩膀高度，同时做耸肩状，如图 3-4-11 所示。

图 3-4-10　明白

图 3-4-11　不明白

（3）听到。

举起非持枪手臂，手指指尖张开，拇指与食指触及耳朵，掌心稍弯曲，朝向发令者或受讯者，如图 3-4-12 所示。

图 3-4-12　听到

（4）那里。

伸出手臂，用食指指向目标，如图 3-4-13 所示。

（5）收到。

伸出手，拇指与食指组成圆圈状，其余手指竖立起来，与传统“OK”手势基本相同，如图 3-4-14 所示。

图 3-4-13　那里

图 3-4-14　收到

（6）掩护我。

把手举至头顶，屈曲手肘，使掌心盖住头顶，如图 3-4-15 所示。

（7）不理会。

以掌心向着受讯者，手指并拢立起，并左右摆动，仿佛在擦拭玻璃，如图 3-4-16 所示。

图 3-4-15　掩护我

图 3-4-16　不理会

3. 警示类手语

警示类手语是指任何运动队成员向同伴发出的各种警告和提示。野战运动中队员具有独立性和分散性特征，在进行沟通时，可先发出口哨或模拟声引起同伴的注意，在同伴与自己形成视觉交流后，再做出各种警示手语。警示手语是野战运动中同伴相互配合的最有效的交流手段。

（1）门口。

用食指由下向上，向左再向下，做出开口矩形的手势，代表门口的形状，如图 3-4-17 所示。

（2）窗户。

用食指由下向上，向右，向下再向左做出一个闭合矩形的手势。

（3）转角处。

手成 L 形，从身后横摆到身前，这个手势通常在发出“上”的信号后接踵而至，意即拐过转角处，如图 3-4-18 所示。

图 3-4-17　门口

图 3-4-18　转角处

(4) 指挥官。

食指、中指、无名指并排伸直,横放在另一手臂上,如图 3-4-19 所示。

(5) 狙击手。

手指弯曲,像握着圆柱状物体放在眼前,如同狙击手通过瞄准镜进行观察一般,如图 3-4-20 所示。

图 3-4-19　指挥官

图 3-4-20　狙击手

(6) 男性。

用掌心在自己面颊处作上下摩抚动作,以表示男性的胡须,如图 3-4-21 所示。

(7) 女性。

掌心向着自己胸膛,手指分开成碗状,扣于胸部表示女性,如图 3-4-22 所示。

图 3-4-21　男性

图 3-4-22　女性

第四章
野战运动的基本战术

野战运动的战术是根据一定的规则要求，围绕歼灭敌人获取胜利这一总目标而采用的各种发挥个人和集体能力的最优策划方案及技术选择。

野战运动的战术主要包括单人战术和团体战术，战术的具体实施则根据激光、彩弹、水弹等不同介质，以及室内和室外场地的不同设置来定。目前，国内举行的各级野战运动赛事，多以激光发射器械为主。

第一节　野战运动的战术配合

战术配合是野战运动的灵魂，没有战术配合，运动队将是不堪一击的乌合之众。即便是在个人对抗赛中，战略战术依然是制胜法宝。

一、野战运动的常用战术

野战运动有室内和室外之分，不同的环境、任务，作战的战术手段亦不相同。比如，丛林攻防战注重保全大局，允许“牺牲”一两个队员或者一两处据点；阵地战主要通过掩体的掩护，在相对安全的情况下进行作战；歼灭战是以“消灭”对方所有队员为目的的团队作战，追求集中兵力来压制对方；夺旗战讲求运用声东击西、调虎离山、集中兵力等手段来获取最终胜利；VIP 战则是搜索队与营救队间的缠斗，要求 VIP 被营救才能最终取得胜利。

1. 突围战术

突围战术是在野战运动作战中取胜的关键战术。很多人投入战场时不知所措，以为只要设备在手总能耗上一阵，不知不觉就陷入了对方包围圈。更糟糕的是，有时会因为一位队员的“阵亡”，而导致整个团队的失败。因此，在野战运动战场上要懂得逃离对手包围圈，慎入“虎穴”。

要避免陷入对方包围圈，首先要求指挥官具有极高的领导力和组织判断力。战役开始时，指挥官和队员都要对敌我双方的作战地形进行分析，对自己在战役中所处的位置了如指掌,尽量使自己在地形上处于优势地位。

了解地形后,指挥官在作战中要发挥其指挥能力。作为队长,其主要任务不一定是参战杀敌,而是要观察战斗事态,依据战事的不断变化合理部署团队战斗力。指挥官安排作战时尤其要注意两翼的位置,两翼是保障整个团队安全的根本,同时又能有效保护和支援中路作战队员,因此在两翼一定要布置战斗力强的队员。可以说,两翼为中路的主力军起着保驾护航,减少不必要的伤亡,远离对方包围圈,直至取得胜利的作用。因此,野战运动不只是靠技巧取胜,还极大地考验着一个指挥官的领导能力和团队的合作意识。

如果因某种原因,队伍陷入了对方的包围圈。作为突围方的指挥官必须对对方兵力的分布做出准确判断,在短时间内判断对方主攻方向,选出勇敢的突击小组和具备自我牺牲精神的断后组。同时,指挥官要做的是要求野战小组快速隐蔽,切忌盲目冲锋。一切就绪之后,命令担任断后的团队对对方发动猛烈攻击,造成假象,使对方误以为你要朝这个方向突围。之后,突击小组在前,其他人员在中间,朝对方兵力薄弱点发动突击。这是比较经典的突围方法。

2. 迂回战术

在野战运动作战中,通过判断正面的对方情况、地形,运用迂回战术,正确选定迂回的方向和路线,可以出其不意,攻其不备,直击对方要害取胜。

(1) 迂回包抄技巧。

切忌正面作战,因为在正面的硬攻中很容易被躲在掩体后的对手击中。因此,要避免引起对方注意,根据当时情形,采取匍匐、跳跃等方式前进,迂回到对方的侧翼或者是后方发起进攻。

(2) 迂回中的警戒。

对方也会采用迂回战术,很有可能在他的侧翼加强防备,比如派出一个人埋伏在你可能迂回的路线上。所以,在迂回的途中,应当保持相当的警惕,比如,找到可以隐蔽自己的路线前进,减少自己身体可能被击中的面积等。如果中了埋伏,立刻卧倒是第一选择,这样可以使受攻击的身体面积减到最小。观察对方隐蔽位置的同时,迅速选择可以进一步隐蔽自己的地点。

(3) 结合激光应用巧妙迂回。

枪械发出的镭射光不易穿透树叶等障碍物,所以,矮小的灌木丛或小树后都是可以躲藏的地方。此时的移动方式以迅速匍匐前进为最佳选择,如果没有经验,也可以采用弯腰的小跑。

要特别警惕对方的迂回。在同伴向对方迂回的同时,对方也可能以本方正攻担当者为目标进行迂回。所以担任正攻的队员也必须留神周围的情况,避免被对方偷袭,特别是来自侧翼或者后方的威胁。要眼观六路,耳听八方,随时注意侧翼和后方动向。

3. 口袋包围战术

在野战战场上，运用口袋包围战术也是决定战斗胜利的关键战术之一。典型的口袋包围战术是以三个火力扇面，将目标区的三个方向包住，而分配方式则有多种，最简单的配置方式是由两个火力组进行左右包夹，而预备组与指挥组则合并为第三组，在第三面针对火网下逃脱的对手进行清除确认的动作。这种分配法由于第三组的火力过于薄弱，而很少采用。第二种选择是指挥官、作战参谋和一名神枪手，混编为第三组；另一名神射手与其他两组人员，分为第一与第二攻击组，每组人员均等，分别占据目标的左右两翼。

前面提的是均等火力分组法，有时因地形与其他因素的限制，会改用其他的配置情形，但不论是哪一种火力配置，火力的持续与人员的分配应是考虑的重点。

4. 侧翼包围战术

野战运动中，侧翼包围战术也是歼敌制胜的有效方法。侦查前哨组（特战小组）通常不愿意暴露自身的行踪，因此与对方的接触能免则免，但若是因任务时间要求与其他因素的影响而迫使特战人员必须接战时，须遵守三大规则：在最短时间，以最大火力，致敌以最大伤害。

一般而言，单一的火力编组与敌正面交手的情势几乎不会出现。在特战单位主动攻击行动中，至少会有两个以上的攻击面，这样做的用意：其一可以分散对方的注意力，分散其火力；其二可以混淆对方的视听，让他们无法正确地判读我方的意图；其三可以弥补火力纵深不足的问题，减少“死角”的产生，使对方趁乱逃走的可能性降到最低。最重要的是，这种战术概念的运用使每个人都能认识到自己的重要性，对小组向心力的凝聚有着不可言喻的重要性。

在侧翼包围战术的运用上，假设侦查组在发现对方行踪后，立即以手势通知本方队员停止前进，并立即侦察对方情况，判断对方位置，以手势发出“单边侧翼包围”的指示。此时，将第二火力组从最后方调至前方，第一火力组与1号前哨队员留在正面，视地形与现场情况决定担任硬攻还是虚张声势与佯攻。第二火力组则与2号前哨队员迂回到指定的侧翼进行主攻、助攻、佯攻，依地形与现场情况做出选择。在作此战斗部署时，指挥官留在后方的制高点作整体的战场情势分析与判断，以及即时战术指令下达。但大部分指挥官都会身先士卒地带领火力组或攻击小组进行现场战斗。

在侧翼攻击时，要注意“面”的概念。特战人员自始至终都是整个小组的一分子，而不是单一的个体。作战时，配备个人轻武器的野战运动员、野战运动参与者单人的火力，对群体性目标威胁不大，排射与齐射指令所带来的才是火力扇面的概念。

特战小组的火力扇面与身旁的队友至少有一个重复涵盖区。火力扇面并不等于小组的面，火力扇面指的是小组的火力涵盖与猎杀区，小组的“面”则包括了小组的行进路线、侦察与行动象限(或方向)以及队形变换所构成的任务区。举例来说,一个攻击箭头队是由正前方、右斜面、左斜面与正后方的四个火力扇面构成,但整个队形代表的只是面的一个攻击向量。

5. 狼群战术

"狼群战术"指运动队的所有成员在队长的率领下,沿着选定路线(一般为边路),像狼群一样轮番对对方发起攻击的战术,"此战术凭借"局部优势,寄希望于短时间内歼敌制胜。

这种"孤注一掷"追求胜利的做法,是狼群战术的死穴。由于没有梯次,因而不能保证强大的后援力量及时提供有效的支援。若对方准备充分,适时组织有效反击,则大概率会打破"狼群"战术,进而迎来宰杀"狼群"的时刻。因此,运动队一般不会采用"狼群战术",除非万不得已到了以"命"相搏的地步。

二、野战运动的掩护配合

利用掩体和同伴间的默契配合获取最后的胜利,是野战运动的终极追求。

(一) 野战运动中常用的战术队形

1. 横向队形

横向队形是最为保守的队形。横向队形一般用于我方人数占优势,并以搜捕为目的,以及地势较为平坦的情况下。这种战术队形最为保守,效果好,一般不会有"漏网之鱼"。但是往往会以牺牲队形中的某一个队员作为开始交火的先决条件。

2. 纵向队形

纵向队形大多数情况下应用于地势较为险峻,如山间小路、河滩、陡坡等地貌情况。这种队形是快速行动的典型队形,但不适用于作战。在纵向队形中,排在头 3 位的人和尾部的人是很重要的,因为其肩负侦察和掩护的任务。这几个队员要时刻保持警觉并且应具备较好的个人素质,比如在登上陡坡后应立即呈扇形展开,形成防御圈以便后续人员安全通过。

3. 三角队形

三角队形是丛林作战中典型的进攻队形,是应用最为广泛的战术队形,分正三角、倒三角、双三角、锯齿三角四种队形。

(1) 正三角队形侧重于火力的集中突破,其突破力强,比较适用于快速突击和抢占阵地。相对应的,倒三角队形则较为保守,但是可以形成密集的火力交叉,而且队友之间可以相互支援和掩护,是三人战术小组的最佳选择。但倒三角队形对队员的个人素质要求极高,只要有一个人擅自离队或"牺牲",此队形就会立即被破坏。

(2) 双三角队形一般适用于 5 人小组,3 人在前或 2 人在前,在一定程度上弥补了倒三角队形火力不足的缺点,这种队形最大的好处是在保持正面压制火力的同时,可以形成两翼包抄和拥有全面的进攻与防御覆盖面。

(3) 锯齿三角队形源于横向队形和双三角队形,其实就是很多三角队形组合在一起。这种队形在紧急的时候可以分解成若干三角队形,而各个三角队形又可以单独进攻和防守。

4. Y 字与 X 字搜索队形

Y 字搜索队形具有惊人的杀伤力与破坏力,此种队形在前进时就已经形成三面的包围阵形,与敌遭遇时,连队形都不用变换,直接前进将对手“吃入”口袋内。如果是侧翼接战的话,也便于变通处理,即右翼接战时,右翼转左翼、后卫转右翼、左翼转后卫;若是后方接战,则两翼撤退。简单便利、快速有效,是其显著的特点。

X 字队形与 Y 字队形具有相同的理念,但相较于 Y 字队形的简单、大胆,X 字队形则显得较为细致与谨慎。就字面而言,X 字队形指两翼前后与队形中央都有人员部署,此种队形多半应用于高危险性区域,或是有护送任务时,其最大的优点是面面俱到。也正因如此,每一面的火力又略显单薄。

(二) 野战运动中常用的配合

1. 交叉掩护推进

交叉掩护是指两名队员互相掩护交叉推进,如图 4-1-1 所示。右边队员先掩护左边队员移动到位后,移动者与掩护者立刻换位。如图 4-1-2 所示,移动到位的左边队员成为掩护者,右边队员成为移动者。在交叉掩护过程中,要始终以掩体为中心,任何脱离掩体的移动,同伴的掩护都是无力的。

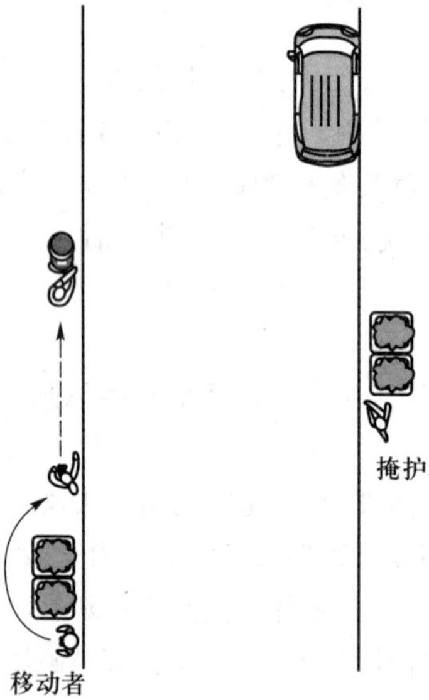

图 4-1-1　交叉掩护一

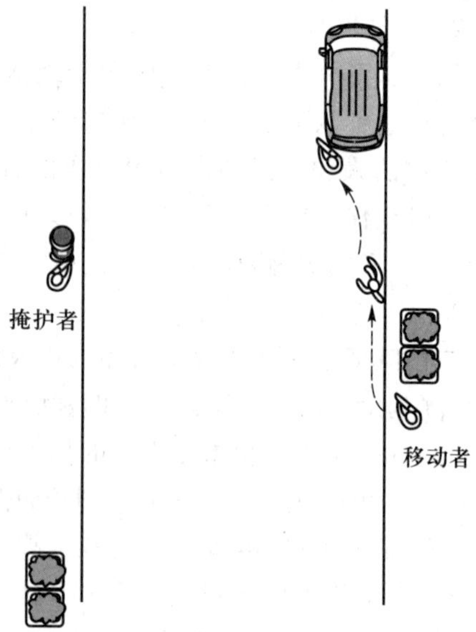

图 4-1-2　交叉掩护二

2. 前后掩护推进

除了左右同伴的交叉掩护推进,同伴间还可以进行前后位置的掩护推进。如图 4-1-3 所示,后方队员封锁对方正面火力,以掩护同伴移动到目标位置。

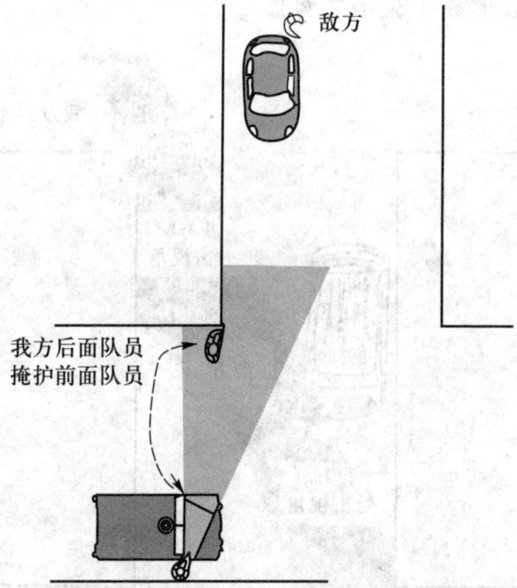

图 4-1-3　前后掩护推进

3. 交叉火力配置

交叉火力配置是野战运动中歼敌制胜的法宝。同伴间分别把守各自的射击视角,既加强了自身的安全性,又使对方受到了强有力的压制。如图 4-1-4 所示,我方 a、b 两名队员分别把守左右射击视角,覆盖了对方的施展空间,实现了局部主动。

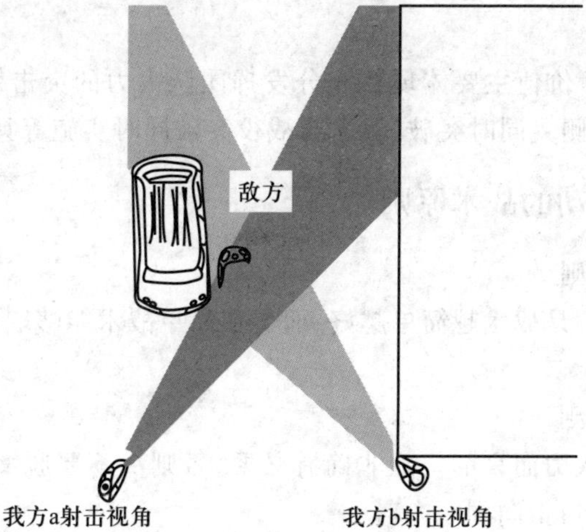

图 4-1-4　交叉火力配置

4. 前后夹击

我方一名队员迂回到敌后方，与正面队友一起对敌形成夹击之势。如图 4-1-5 所示，我方 a 在敌正面占据有利射击视角，与此同时，b 队员迂回至敌后方选定射击视角，a、b 双方对敌形成了夹击之势。

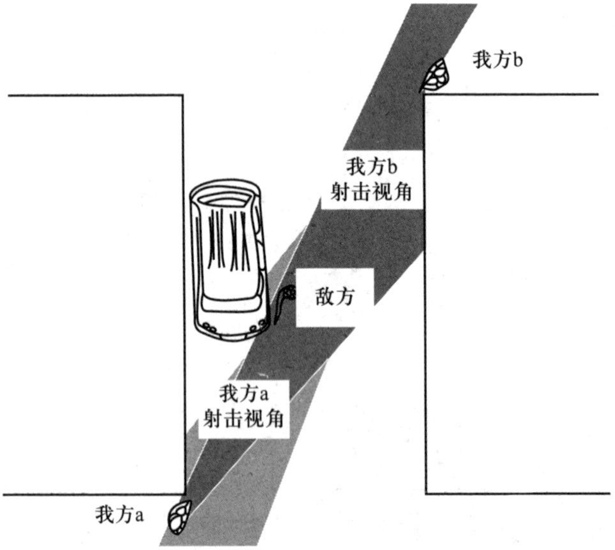

图 4-1-5　前后夹击

第二节　野战运动的战术原则及运用

野战运动战术价值主要体现在充分发挥团队火力的突击效果，从行进间发起进攻，从正面和侧翼同时突破，战术与战役突破同时实施等具体的战法中。

一、野战运动的战术原则

（一）简单原则

简单原则并不是战术越简单越好，而是在简单战术能够取胜的情况下，决不使用复杂的战术。

（二）集中原则

集中是针对火力而言的。除非确有必要，否则决不要脱离大部队。在交火时，让尽量多的枪口指向同一个对手。

(三) 分散原则

分散是针对交火时人员的位置而选择的战术原则。在确保火力集中的情况下,交火时尽量让队员分散,这样对手往往会有所犹豫,不知该先射击哪一个方向。即使对手杀掉一名队员后,也必须将枪口大角度转动,才能重新瞄准。集中与分散原则必须结合使用,以室内反恐歼灭为例,防守方应尽量抢占围绕洞口呈圆形的射击位置,尽量集中火力,对冲锋的对手进行围歼。

(四) 运动原则

快速的运动是实现局部以多打少的必要条件。虽然,过量的体力消耗让到达战斗位置的队员战斗力下降不少,但由于作战小组运动较快,因此在交战的地点,我方能集中绝对的优势兵力始终保持进攻态势,进而从心理上压倒对手。

(五) 情报优先原则

信息的收集决定着战术的变化,这在丛林战中意义重大。对野战运动而言,指挥员的各种手势和口令就是战斗情报,可以说野战运动的指挥员就是情报员。因此,每一个运动队成员都必须眼观六路、耳听八方,并要熟悉各类手语和指令,严格执行赛前制订的行动计划。

(六) 火力配备原则

(1) 通常选在对手防御比较薄弱,便于隐蔽、接近和展开,便于突破和向纵深发展,且能迅速破坏敌方防御体系,分割、歼灭对方的地方,必要时也可选在对方防御的“强点”上。

(2) 把兵力、火力和器材集中用于主要进攻方向,对敌形成优势,并作纵深、疏散、梯次配置。

(3) 先行火力准备,突然发起攻击,进行重点突破,实施连续突击,分割围歼对手,不断投入后续力量,力求战术突破。

(七) 战术队形运用原则

战术队形是为了发挥最大火力攻击对方,同时确保我方有最强的防御力而进行编组的一种战术技巧。如果战斗队形有效合理,则会在战场上获得优势,否则将会造成惨重伤亡,甚至导致全队被歼灭。

如果将战术队形比作一张网,那么战术规则就是连接这张网的纽带,它们贯穿各种队形之中,彼此交织,相互补充。

(1) 具有战术意识,善用感觉器官分辨信息,保持战术性机动。

(2) 任务明确,思路清晰,全程保持沟通。

(3) 抓住战机,听从指挥,统一行动。

(4) 隐蔽个人行踪,不可背向不明处。

二、野战运动的战术应用

战术的顺利实施涉及面较广，任何纰漏都可能导致战术应用的失败。作为一支成熟的运动队，必须熟记战术应用的诸因素，并能应用自如，方可保证实战中的战术应用成效。

（一）掩体与隐蔽

掩体，是阻挡“子弹”的物体，即使攻击者知道对方藏在后面也无法在一定的角度内致伤对方，比如水泥墙、粗树干、坑道等。隐蔽，是在枪战中找一个藏身之所，伺机射击对方，比如柏树丛或者垃圾箱后面。隐蔽的关键是不被对方发现。

（二）安全角

野战运动中给人感受最深、刺激最大，同时也是难度最大的技战术配合，就是拐弯过墙角的时候。无论你怎么小心，往往一露面便被一枪打在头上。因而，野战运动中自然就形成了一个被称为“安全角”的概念。

所谓安全角，就是对方的射击角度和掩体（墙角）之间形成的一个安全区域。在此区域对方无法对攻方形成威胁，因此，攻方应想方设法地去扩大自己的安全角，压缩对方的安全角。谁能在此制衡中获取主动，谁就可能取得最终的胜利。在双方的博弈中通常可采用以下方法：其一是直接“过弯射击”。采取这种办法，首先要在未被对方发现的前提下确认对方的位置，当看清楚对方的位置后，接下来要做的就只剩扣动发射器“扳机”了。其二是切角。当遇到转弯的时候，要在第一时间贴墙，进入安全范围。确认对方不会贴在拐角的地方后，慢慢地滑一个弧形转过去，这样可以更好地压缩对方的安全角。因为枪线是跟着自己的视线转动的，只要注意转弯的角度，对方就随时会出现在自己的射界内。只有通过刻苦练习，多和队友配合，才能做到运用自如。

（三）野战运动的攻略技巧

野战运动中，只有掌握了攻略技巧，才不会被对方迅速歼灭，甚至在被动的情况下还能反败为胜。为了使自己在实战技法和战略部署上技高一筹，掌握必要的攻略技巧就势在必行。归纳起来，野战运动主要有以下攻略技巧：

（1）作战期间，确定对方位置及战斗布局比立刻抢占对方位置更重要，分析对方位置布局后，再集中力量进攻，从而夺取胜利。

（2）如果己方兵力雄厚，或者队员能力较强，乘胜追击是比较明智的选择。做好战斗部署，集中兵力击破对方一个据点后，继续攻打下一个据点，各个击破。当然，千万不能让自己的队友单独行动。

(3) 在战前,还要充分估量敌我双方枪械设备的差异化、人数的多少,知己知彼。要谨慎行事,多做预测,多做应急安排。

(4) 攻守相宜,不能一味地采取进攻行动,一定要做好保护己方队员的准备措施。因此,在战斗开始前,指挥官应该做好周密的防御工作,然后再集合队伍进行快速的进攻。只有防御措施做好了,才没有后顾之忧。

(5) 如果决定了要进攻,就要一鼓作气,千万不要试探性前进,这样会暴露自己的实力和行军路线。要果敢坚决,即使看到了不妙的情况,也不能在气势上输给对方,否则更容易败阵。

(6) 在野战运动场上,灵活移动有时能扭转不利战局。如果己方的人数不如对方多,或者装备不如对方,这时应充分利用人少、行动快捷、任务分明的优势,选择尽可能短的路程迅速转移,出奇制胜,包抄对方侧翼,攻其不备。

(7) 乘虚攻击。迫使对方分兵,使其中央空虚,再乘机以快捷的攻击从中央突破。

(8) 进攻是最好的。进攻说明己方不管是在人数、设备、地形上都具有优势。所以,尽量采取进攻方式,不给对方进攻自己的机会。

(四) 野战运动作战技巧

在野战运动中,只有掌握足够的战斗知识和作战技巧,才能真正体会该项目带来的乐趣。

1. 集中兵力攻击对方薄弱环节

集中兵力进攻战略是战胜对手的重要法则。野战运动中的运动队指挥员应根据具体任务及意图,探查敌方情况和地形情况,选取与敌方要害相关的翼侧或后方,比如在敌方兵力、火力、工事和障碍物较薄弱的部位,实施攻击。通常实施一点攻击,当敌方场地障碍较少,纵深较浅时,也可实施两点攻击。战斗中,要根据战斗进展情况,灵活而适时地将兵力和火力集中于具有决定意义的战略目标和战略时机上,保持强有力的突击力量。

2. 主动配合、密切协同

野战运动中各队员只有协同一致,才能增加团队威力,为夺取战斗胜利提供重要保证。战斗中,各位队员应充分发挥自己的特长,保持顺畅的通信联络,严格遵守协同规定,积极完成自己的任务,不得擅自变更自己的计划、攻击方向。

3. 时刻准备突击作战

出其不意地发起攻击,可使敌方意志沮丧、防御体系和指挥混乱。前哨队员应发挥其作战优势,利用有利地形选择隐蔽的作战路线,突然发起攻击,如果突击失败,要有退路。

第三节　野战运动战术方案的制订及实施

战术方案是战术价值的直接体现。只有站在全局的高度制订具体的战术方案，才具有可操作性。

一、战术方案内容

在确定攻防方案之前，首先要对形势进行评估。俗话说：知己知彼，百战不殆。只有对地形地貌、场地器材、对方情况、比赛规则等诸多因素进行充分细致地分析，才能做到心中有数，有的放矢。

（一）信息收集

1. 赛场情况

野战运动与其他体育项目的最大差别在于场地变化的不确定性。大型野战基地一般都建在郊外风景区、度假村等景色宜人之地，与室内场地或一般学校设置的野战运动场所相比，其物业条件和场地面积有很大差异。因此，在进行校外正规比赛时，必须预先了解比赛场地的情况。

（1）自然场地。

自然场地指纯天然的周边环境，场地不做任何装修。对于自然场地主要需了解如下情况：

① 查看场地的起伏度，起伏度如超过 15°，则会造成活动人员体力消耗过大、滑倒或摔伤等事故，威胁队员安全。

② 检查林地的植被覆盖率，茂密的植物丛林会使人望而却步，并且会影响人员通过。

③ 针对野外场地，事先必须进行勘察，确定没有安全隐患。

④ 了解场地交通情况，以便合理分配体力。比如下车点距离远，则可将徒步作为赛前活动。此外，在遇到突发事件时也有利于人员疏散与撤离。

⑤ 查看野外场地是否有池塘或过于泥泞，如果有河流或池塘，要在活动前向参战人员通报，以防意外。因为泥土易堵塞枪口影响射击，存在严重的安全隐患。

（2）简易场地。

简易场地是利用简易便利材质，对现有场地进行的一些简单的小规模改制，适合规模较大而且有自己绿地或空地的度假村、学生素质教育基地、旅游景区、大型游乐场、公园等，简易场地要注意以下几点：

① 因设计场地时主要考虑了成本问题,因此场地的搭建具有一定的不规则性。

② 小投资商可在运营初期投入少部分资金,随着俱乐部经营的不断扩大再增加场地投资。为节省开支,作战场地的建设大多利用了废弃物,如废旧轮胎、编织袋、板坯、麻包、沙土等。当然,也安置有军用迷彩布、军用隐蔽网、弹药箱、汽油桶、手喷漆、喷绘图等,因此,赛前需对简易场地的活动设施进行充分的考察了解。

③ 充分了解战场内堆积的沙袋(麻包)或者木板、"T"形板、"T"架等掩体的数量,密度等,以便队员在战斗中躲避和节省体力,有效减少"阵亡"人数。

④ 场地内的场景布局多是活动的,赛前,因对不够坚固、无法倚靠的器物进行标注,给队员以提示。

⑤ 考察当地的自然情况,一些简易场地的野战工事没有完备的排水系统,一下雨很快会成为水坑或排水沟。

(3) 专业化场地。

专业化场地分为简易专业化场地和正规专业化场地。简易专业化场地指利用各种建筑材料,对现有场地进行一些比较大规模的改制,适合规模、实力比较强,有自己绿地或空地的度假村、学生素质教育基地、大型游乐场等。正规专业化场地指利用建筑材料,按照自身的使用要求,对现有场地进行大规模规划或改制,适合部队、武警训练基地、警察训练场地、民兵训练场地等。针对专业化场地的比赛,需考察了解以下内容:

① 了解场地的起伏度,专业场地一般比较平坦,但往往起伏度超过10°,对于学生运动队有一定难度,如果不进行预演,易造成队员滑倒或摔伤事故,威胁运动队人员安全。

② 场地的建筑应该以空心砖或其他建筑材料(要考虑当地价格因素)修筑的成"十"字形或"T"字形的墙体为主,检查墙体是否打有地基,是否坚固。

③ 由于场地作战区域较为狭窄,为杜绝安全事故,活动前必须警告队员不得攀爬墙体,并严禁肉搏战情况发生。

④ 如果场地内有废旧房屋等建筑物,进行巷战前,必须仔细勘察场地,杜绝安全事故,活动前必须警告人员不得攀爬房屋与建筑物。

⑤ 要求建筑物内的所有房屋全部连通,防止某个关键通道一旦被火力封堵,造成所有人员无法通行的情况发生。

⑥ 检查场地内是否有水池、沟壑、危楼,包括狗洞与矮墙等,要求组织方应使用海绵垫将边缘包裹上,防止人员在通过或翻越时受伤及造成设备损坏。

⑦ 需要时进行结构调整,所有的模拟建筑物内部的结构布景都是活的场

景,此点必须提醒队员。

2. 装备情况

赛前了解比赛的相关装备情况是制订战术方案的重要环节。包括了解单人激光发射器的性能、护具的功能、服装的松紧、护目镜的佩戴等内容。

(1) 了解激光发射装置。

野战运动采用的激光发射装置原理较简单,跟遥控器类似,枪是发射装置,衣服上的感应器为接收装置。每套单人器材由激光发射枪、激光接收系统(头盔及背心)、无线系统遥控器等组成。

首先要做的就是校枪,目的是检查激光枪瞄准的准确度,需在专业人员指导下进行调校,若因客观情况不能调校,就要预留瞄准量,这个跟真枪射击时的提前量类似。

采用光线发射原理,以发射红外激光代替发射实弹,发射的是不可见光,不会对人体有任何伤害。激光枪发射时,会模拟枪声。在无遮挡的情况下,有效射程在 400 米左右。“子弹”和“生命值”可以自由设定,“子弹”数以每弹夹为单位直至无限量,根据任务难度和战斗需要提前设置这两项数值。完成校枪动作后,检查枪械与控制装置的连接是否通畅。

(2) 了解作战头盔和作战背心。

头盔或背心上有 4 个激光接收点,装备通电后,接收点上的红指示灯会闪烁,此时装备处于通电但未启动状态,还不可以进行游戏。枪和头盔、背心之间要用电话线连接,裁判通过无线遥控器设置“启动”后,方可进行战斗。激光枪发射时,背心会发出模拟枪声及振动。如果击中他人,身上的作战背心会振动、蜂鸣与闪光 1 次。被击中后生命值扣减,身上的作战背心会短振动 3 次,激光接收器的红灯同时闪烁 3 次,此时激光发射器暂时无法射击。此后被击中者如果仍有生命值,可继续战斗;如生命值耗尽则激光发射器锁死,无法继续战斗。

(3) 了解无线系统遥控器。

战斗前,由裁判员操作遥控器,并统一设置好所有装备的作战时间及生命值,方可进行战斗。无线系统里的评估软件能记录每位参战者和团队的成绩,能准确地提供胜负情况和计分记录。

(4) 预置护具与服装。

由于比赛过程中会利用双膝滑跪、匍匐爬行、卧倒翻越等动作,因此,装备运动护具是必要的保障。此外,为克服不规则地面条件,需穿着户外运动鞋,最好是野外作战靴。若连续交换攻防,运动量较大,极易出汗,野战运动员、野战运动参与者内着吸汗紧身衣也是非常必要的。

（5）相关军品。

野战运动为模拟实战游戏项目，可适当运用一些军事作战辅助品，比如无指手套、护目镜、面彩、战靴等。

3. 比赛规则

了解规则是野战运动比赛获胜的关键，许多队员往往因为不熟悉规则而被判罚违例，甚至直接招致“局负”的判罚，使集体的努力化为泡影。具体的野战运动规则详见第六章第四节，在此不再赘述。

（二）战情分析

知己知彼，百战不殆。赛前必须结合实地考察情况，对敌我双方进行深入细致地分析，为最后制订作战计划提供依据。

1. 我方情况

（1）运动队成员的个性特征。不同的个性可担负不同的角色，活泼冲动的性格适合当攻击尖兵，沉稳踏实者更适合掩护者的角色。

（2）个人技术特点。不同的技术类型在团队中的主攻目标亦不同。技术全面者通常是指挥者，射击技术强的为狙击手，行动灵巧的为突袭者等。

（3）替补人员。是否有充足的人员替换，以及替补者与首发队员的差距，将影响战术选择。

2. 对方情况

（1）历史成绩。通过历史成绩可判定对方的强弱，另外可了解对方是否阵容强大，对方是否有比赛器材（激光发射器）优势，从而选取正确的应对措施。

（2）队员特点。了解敌手技术特点，便于进行针对性的抑制。

（3）战术特点。了解对方擅长的战术，以利于本方更加合理地排兵布阵。

3. 现场情况

（1）掩体情况。掩体情况包括掩体的大小、材质、形状、体积、密度、厚度等。

（2）枪械状况。枪械状况包括枪支的品牌、规格、准确度、接收灵敏度等。

（3）气候情况。气候情况包括风向、雨雪、阴晴、日光反射等。

（三）行动计划

行动计划是野战运动比赛前全体队员统一思想的结果，具体实施由运动队指挥员掌控，一切个人意见都必须服从集体决定。行动计划的内容较为丰富，大致包含以下内容：赛前培训、战术讲评、任务布置、进攻手段、防守手段、正面交锋、推进队形、接近路线、隐蔽地观察及埋伏、有组织地到达现场、与指挥控制中心保持联络等。

二、战术实施手段——识图

在野战运动的单人定点射击或团队野外对战中，尤其是在室外条件下，识图和制图都是重要的战术环节。

（一）地点概况图

地点概况图是野战运动员、野战运动参与者使用的一种图表工具，能简单地描绘目标区域的俯视图，标出距目标 100 米内的建筑设施和地貌特征。地点概况图只能说明 50 米高度内的战地区域，其地形特征和障碍物都必须注明。此区域内有任何移动物（比如猫、狗）都必须注明。同样，交通工具也很重要，因为它们可以为队员提供掩护或帮助。

通常，标注的符号一定要让全体参与人员都清楚明白，如人员和指挥所的安置、目标地出口及危险地区的封锁等。地点概况图可以让现场指挥官对全局有比较全面的认识。

（二）侦察草图

充分的战前准备工作既能提高团队获胜的成功率，又能及时地保证团队利用现有资源应对危机。野战运动中侦查草图就是战前准备的重要一环。战前，野战运动员、野战运动参与者要清楚他们目的地及行进方式，他们需要准确详细的资料以便制订行动计划。最先到达现场的野战运动员、野战运动参与者的职责之一，就是侦察目标的位置。这项任务可以指定两名队员来完成。

这两名队员会分别绘出目标中两侧方向的简图，然后马上合并他们的简图而得出一张完整的草图。一般来说，他们还要留在现场继续侦察直到更多的同伴到达现场。一张完整的草图要标明周围的房屋、建筑设施等，所有的电力设施、排气口、门、窗都要有标记，门要简明地标出其类型（如铁门、外门、铁栅栏等），并注明锁的类型（如弹簧锁、转柄锁、门闩等），门转动的方向也同样重要，墙体的材料和类型也要标出来。典型的住宅简图，如图 4-3-1 所示。

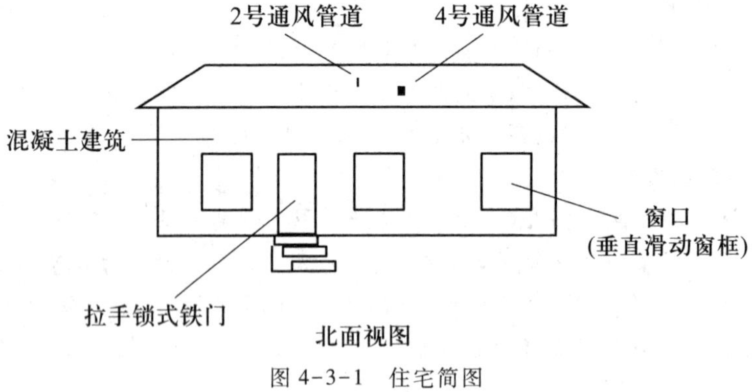

图 4-3-1 住宅简图

（三）山地识别

山地形态虽然多种多样，但它们都是由山顶、鞍部、山背、山谷、山脊、山脚、斜面和凹地等地貌元素组成。掌握和识别这些地貌元素的要领,就能快速识别出各种地貌形态。

1. 山顶

山体的最高部位叫山顶。根据等高线特性,它必为数条封闭曲线,且内圈高程大于外圈。

2. 山背

从山顶到山脚,向外突出的部分叫山背。它的中央棱线叫分水线。山背等高线形状向山脚方向凸出。

3. 山谷

相邻两山背或山脊之间的低凹部分叫山谷。它的中央最低点的连线叫合水线。山谷等高线是凹向山体的曲线。

4. 鞍部

相邻两山顶间形如马鞍状的凹部叫鞍部。按照等高线原理,它在地形图上必为两组对称的等高线。一组为山背等高线,另一组为山谷等高线。

5. 山脊

数个相邻山顶、山背和鞍部所连成的凸棱部分叫山脊。山脊的最高棱线叫山脊线。

6. 山脚

山体与平地的交线叫山脚。它是一条明显的倾斜变换线,由此向上,等高线密集,山背、山谷等高线十分明显;向下,等高线稀疏、平滑,没有明显的谷、背区别。

7. 凹地

四周高、中间低,无积水的地域叫凹地。大范围的则称盆地。凹地在地形图上也是由闭合的等高线表示的,但内圈高程小于外圈高程。

(四)地貌研判

1. 高程与高差的判定

地形图上用黑色注出高程的点,称为高程注记点,通常一幅图有 80~200 个。此外,地形图上还按一定密度要求,均匀地注出了某些等高线的高程,并规定字头朝向山顶方向。这些高程注记点和注记曲线是判定任意点高程的依据。

2. 坡度的判定

坡度,通常指斜面与水平面的夹角,但有时也指斜面上某指定方向与于水平面的夹角。坡度的大小通常用度数表示;但有时也用高差和相应水平距离的比值表示,叫作倾斜百分比。

3. 辨识地貌应注意的问题

（1）判读地貌形态，量算高程、坡度等，必须在比例尺大于 1∶100 000 的地形图上进行才能保证精度。

（2）由于等高线之间有一定距离，无法表示两条等高线之间的地貌变化，使得一些微小地貌遗漏在两条等高线之间，甚至一些山顶和鞍部的点位、高程也无法准确判读。

（3）有些山地或陡峻的斜面，由于坡度太陡使等高线十分密集，图上两条计曲线之间很难画出四条首曲线。因此，制图时采用了合并或略绘首曲线的办法，遇到这种情况，切不可产生错觉或误解。

（4）在地形图上，有时可能出现局部地区等高线与实地不符的情况，此时，应根据附近等高线图形和其他地形特征进行综合分析，以得出正确的判读结果。

由等高线判读地貌，必须勤练多判，反复实践，才能掌握判读技能。

第五章 野战运动的教学与推广

自2007年国家体育总局尝试性推出野战运动以来，野战运动以其新颖刺激、时尚有趣、寓教于乐等项目特点迅速成为社会大众尤其是青少年喜爱的创新活动之一。另一方面，野战运动具备的军事战场的竞技性和惊险性等特点也对学校体育、国防教育、素质拓展教育等方面起着特殊作用。因此，科学规范性的野战运动教学与推广对野战运动的健康发展发挥着重要作用。

第一节　野战运动的教学意义

野战运动的意义涵盖广泛，归结起来，主要涉及以下四个层面的内容。

一、野战运动教学与国家政策层面

2011年7月29日，中共中央、国务院、中央军委下发了《关于加强新形势下国防教育工作的意见》，要求深入贯彻党的十七大和十七届三中、四中、五中全会精神，全面落实国防教育法，大力弘扬爱国主义精神，增强全民国防观念，促进建设和巩固国防。

国防教育法的落实，无疑将野战运动的教材化，提升到了极其紧迫的境地。此外，中共中央、国务院在当前历史条件下，从我国人才培养和可持续发展战略的高度出发，提出“健康体魄是青少年为祖国和人民服务的基本前提，是中华民族旺盛生命力的体现”，成为将野战运动纳入学校教育的又一政策支撑。

作为一项具有军事色彩的新兴运动项目，野战运动有别于普通的军队训练科目。如何才能更好地将野战运动教学与传统教育对学生身心发展的要求相衔接，是广大野战运动教育工作者面临的一大课题。

二、野战运动教学与体质建构层面

综合国力的强弱越来越取决于国民的素质，综合国力的竞争实际上也是各个国家高素质人才的竞争。“少年智则中国智，少年强则中国强”仍是这个时代的强音。为此，党中央在第三次全国教育工作会议和《中共中央国务院关于深入教育改革全面推进素质教育的决定》中明确指出：“健康体魄是青少年为祖国和人民服务的基本前提，是中华民族旺盛生命力的体现，学校教育要树立健康第一的指导思想，切实加强体育工作”。

为了解决这些问题，适应社会发展以及人们对健康的迫切需要和对生活质量的不断追求，从青少年儿童的健康入手早已形成共识。为此，在2002年全国学生体质健康测试研究的基础上，教育部、国家体育总局联合下发《学生体质健康标准（试行方案）》，以此作为《国家体育锻炼标准》在学校具体实施。此外，《中共中央国务院关于深化教育改革全面推进素质教育的决定》提出“学校教育要树立健康第一的指导思想，切实加强体育工作”。

遗憾的是，虽然近年来各种促进学生体质提升的相关政策文件层出不穷，但实际收效甚微，其原因主要有以下四个方面：

其一，科技文明的发展给人们带来舒适便捷生活的同时，也给人类的健康带来了新的威胁。虽然现代社会科技发展了、物质丰富了、人的寿命增长了、休息时间多了，但并不能说明现代人们的身体更健康了。相反，过于舒适的生活方式，导致人们运动不足、运动机能退化，身心健康受到严重威胁。就我国来看，目前有70%的人处于亚健康状态，15%的人处于疾病状态，只有15%的人处于健康状态。

其二，快节奏、高科技的现代社会，改变了人们以往的生存状态和生活方式。网络、电视、汽车等现代娱乐及出行方式占据了人们大量的闲暇时间，使人们疏于运动，这种现象不光在成年人群中存在，在青少年学生中也普遍存在。

其三，营养过剩。随着人们生活水平的提高，现代人的饮食结构也发生了变化，肥胖成为影响许多人身体健康的头号大敌。被称为“富贵病”的脂肪肝、糖尿病、高胆固醇等病症，无一不是高蛋白摄入而低运动量消耗、过剩营养在体内堆积的结果。

其四，生活压力大。现代社会竞争压力无处不在，受社会心理因素的影响，紧张焦虑的情绪已成为影响许多人心理健康的重要原因。当人们长期处于一种紧张激烈、患得患失的生活状态中，再加上运动量的不足，身体健康必然会受到影响。

野战运动是一项脑体结合、团队协作的新颖时尚运动，对各类人群均有极大的吸引力，可促使人们戒除网络生活，投入户外活动，对鼓励和推动人民群众，特别是青少年儿童积极参加体育锻炼，增强体质，提高运动技术水平，更好地为社会主义现代化建设和保卫祖国服务，具有切实的现实意义。

三、野战运动教学与民族精神层面

现代生活不能没有体育，体育已成为人类文明生活不可或缺的组成部分，在影响和塑造现代人的精神与身体方面发挥着越来越大的作用。人类关于体育活动的记载丰富多彩，因为它与我们的生产生活密切相关，是人类以身体运动来表达社会文化现象的独特方式。最初，猎取食物、争夺配偶、抢占地盘等生存方式是人类运用和发展自身技能的巨大动力，身体技能的不断完善也使人类确立了地球主宰的地位。随着社会的进步，人类的身体技能渐渐脱离纯生物性和物质功利性，于是，体育文化现象得以诞生。

人的本质力量包括体力和智力，具体表现为人的感觉力、思维力、意志力、想象力、创造力，以及技能、技巧、兴趣、智慧、力量等。体力与智力是两种完全不同的能力：体力与智力的地位不同，智与体是控制与被控制、支配与被支配、改造与被改造、决定与被决定的关系。但切不可因此而轻视体力，正如马克思指出："每当人生产某种使用价值时，就是运用的体力和智力的总和。"这就是说，劳动能力是人的体力和智力的总和，缺少任何一方都无法完成社会化进程。可见，对国民的培养应包括智力教育和体质教育，特别是体质教育使国民具有强健的体魄，以保证国民有充沛精力投入生产，提高劳动效率。历史证明，每一次生产力的突飞猛进，都是以人的体力和智力的结合为基本条件的。

当代体育已经发展到一个相当高的水平，成为人类社会中很普遍的一种社会现象，其文化内涵融合了经济、政治、教育、娱乐等单一社会范畴，成为人类共同承认、拥有和热爱的文化现象。在信息化飞速发展的时代，不同文化背景下产生的体育项目成为全人类共同拥有的财富。体育所创设的公平竞争、和平进步、团结友爱等价值标准和道德准则，得到了人类社会的广泛认同和普遍尊重，以奥运会为最高层次的竞技活动，已经成为全世界人民的共同节日。当代体育与社会政治、经济、文化，以及人们的日常生活发生着越来越密切的联系，改变了越来越多人的生活，成为人们普遍追求的一种生活方式。可以说，人类社会不能没有体育，人类社会也离不开体育。

在体育自觉性上的不同表现，反映出西方文化与我国文化的差异，西方文化将棋牌类与精神愉悦相关的游戏归于智力运动，世界智力运动会与奥林匹克运动会相行不悖，却又界线分明。在我国，体育被分为竞技体育、学校体育和大众体育三个不同范畴。

随着社会的发展进步，人们从事必要劳动以外的闲暇时间越来越多，在我国，法定假日有 100 多天，这意味着人们有 1/3 的时间休闲娱乐，一些发达国家较之我国更是有过之而无不及。人们在闲暇中进行的生活消费、参与社会活动和娱乐消费，是现代人在工作后进行身心调理，以及体力恢复的高层次需求，是人类高品质生活的一个组成部分，与马斯洛所构建的人生“五层次”需求中最高层级的自我实现理念相一致。

娱乐和游戏是人生命历程中最为重要的存在状态，也是现代“休闲”的主要形式，人和动物的本质区别，就在于人是自由创造的主体，表现在“自由自觉”上面。动物只能消极被动地适应自然，而人不仅能适应自然，且能有目的、有意识地、改造自然，使自然为人类所用，为人类服务，这一本质决定了人的生命的意义就在于创造性、发展个性、自由选择性、激发灵性、表达人性等本真的过程中。

体育运动之所以能恰如其分地展示人的本质力量，原因就在于娱乐和游戏均是体育的原始形态。社会发展到今天，“休闲”被赋予了更多精神的、心理的、文化的含义。未来，人们物质财富的满足将逐渐让位于追求充实的精神生活。

世界大同是人类社会的终极追求，但在相当长的历史时期中，这一理想无法实现，国家、种族、宗教等群体意识将长期存在。

虽然战争的威胁依然困扰着人类，国家利益纷争、种族矛盾冲突、宗教信仰对抗等仍难以调和、无法避免。时至今日，世界许多角落发生的流血事件从未停止过。但是，人类已经意识到现代战争的巨大危害，“和平”与“发展”成为当今世界的主旋律。奥林匹克的巨大贡献，就在于其以具有普遍价值的体育运动作为中介，在和平、友谊、进步的倡导下，为人类提供了一个相互学习交流、融合了解的平台。体育的客观真实、自由规范、公正民主，正是人类社会共同的理想追求。体育的这些特质，使其成为突破民族和地域限制的、得到各国共同认可和广泛参与的人类活动，被誉为“和平时期的战争”。

野战运动所包含的诸多元素，与人类精神层面的追求相契合，除了对人们的身体能力起到促进作用之外，其对提升人们坚忍不拔、顽强拼搏、不抛弃不放弃等精神品格，亦有不可替代的作用。

四、野战运动教学与国防教育层面

国防教育是建设和巩固国防的基础，是增强民族凝聚力、提高全民素质的重要途径。在新形势下，国防教育工作的总体要求是：高举中国特色社会主义伟大旗帜，以习近平主席强军思想为理论指导，深入贯彻落实系列讲话重要内容，着眼维护国家主权、安全和发展利益，坚持以国防教育法为依据，以弘扬爱国主义为核心，以领导干部、青少年学生和民兵、预备役人员为重点，贴近时代要求，丰富教育内容，创新方法手段，完善制度机制，推进全民普及，不断增强国防教育的主动性、针对性、实效性，为建设和巩固国防奠定坚实的思想基础，为全面建设小康社会提供强大的精神动力。

国防教育也要适应经济社会发展的新形势和人们精神文化生活的新需求，积极改进和创新国防教育的方法手段，不断增强时代感和吸引力、感染力。充分发挥大众传媒的作用，注重运用互联网、手机等新兴媒体，加强国防教育普及宣传和舆论引导；坚持以群众性活动为载体，吸引广大干部群众积极参与国防教育；依托爱国主义和国防教育场所，开展生动形象的国防教育；采取多种形式，营造有利于开展国防教育的良好社会环境；注重与爱国拥军实践有机结合，引导适龄公民自觉履行兵役义务，教育引导广大干部群众热爱军队、尊重军人，支持部队建设，研究制定并落实优抚安置政策，不断巩固和深化国防教育成果。

相对于最早在“军体课”构架下的射击、手榴弹掷远、行军、国防知识等内容，目前的野战运动早已今非昔比。野战运动装备的应用、信息化手段的介入、情境化教学的运用等，使其更加贴近国防教育的本体目标。

第二节　野战运动的教学任务及其功用

野战运动既然属于新兴的体育项目，在其学习推广的过程中，势必要遵循体育运动的普遍规律。因此，应对野战运动的教学任务和功能并进行分析。

一、体育教学的基本任务

其一，体育是“人类专门设计的身体运动和游戏”，体现了体育的基本特征，并以此来与人类的其他身体活动相区别。因为现代体育，尤其是竞技体育，已具有严格的规则限制和动作要求，是一套完备的、为达到既定目的而精心设计的身体运动方式，包括动作规格、场地设施、规则执行、器材要求等。即便是在学校体育和社区群众体育活动中，为了娱乐或锻炼身体，也专门设计了不计其数的身体运动形式和动作规范。可见，体育运动不是体力劳动或一般的身体活动，其核心价值就是：在公平的条件下通过竞争发挥人的最大潜能，在成功与失败的体验中，达到锻炼身体和调节心理的目的，这些是同为肢体运动的舞蹈、杂技等艺术形式不能达到的。

其二，增强人们体质，提高竞技水平，丰富社会生活是人类进行体育运动的基本目的，也是体育区别于其他身体运动和活动的一个根本点。人类专门设计身体运动方式，其目的就是据此来增强人们的体质，当然体育并非唯一途径，增强体质还有保健、营养等其他手段，但是通过身体运动获得特殊的心理体验，却是体育的独特之处。在人类所有的文化活动中，通过直接竞争和竞赛的方式提高身体的竞技水平，得出胜负的结果，唯体育在这方面体现得最为生动。

其三，丰富社会生活是体育又一个重要的本质特点。学校体育通过形式多样的体育活动，丰富校园生活，促进素质教育和文化建设，使学生经过校园文化的熏陶，成为体育人口；群众体育号召不同条件、不同年龄、不同身体状况及个人爱好的人群进行体育运动，在运动过程中体验特殊的身体感受，在身体得到锻炼的同时，达到娱乐身心的目的；竞技体育在严格的规则要求下，最大限度地发展个人和团队的技、战术和身体能力，在实现自我价值的同时，达到促进社会文化建设的目的。

二、野战运动的教学任务

野战运动的教学任务同样包含三个方面的内容：一是增强体质、锻炼身体；二是传授野战运动知识和相应的运动技术、技能；三是进行思想和道德品质教育。不难看出，这三个方面是有机联系的整体，与德、智、体全面发展的教育方针高度契合。

野战运动教学的总体任务，就是要将上述三方协调一致，并加以全面贯彻。即通过学生的身心活动，在学习和掌握野战运动知识、技术和技能的反复练习中，使学生的身体得到锻炼，实现增强体质的目标。利用野战运动的项目特点，实现对学生思想品德的教育目标。

三、野战运动的具体功用

人具有社会属性，结友交流是人的本性。在众多的交往手段和形式中，体育运动占据着重要地位。运动锻炼不仅有利于沟通交流和结交朋友，还有利于树立人们交往的基本规矩和准则。体育运动一般是集体性活动，在活动或竞赛中，首先要确立公认的规则和道德标准。集体体育运动中，每个人都扮演着不同的“社会角色”，在遵守公认规则和道德标准的前提下，体会竞争、归属感和服从感，由此使人与人之间形成具有约束性的人际关系。人们在体育活动中，通过规则体验到社会的约束；通过集体的接纳体验到社会的承认；通过体质的增强体验到社会的赞赏；通过参加比赛获得好的成绩体验到社会的尊重。而所有的运动体验都将迁移到日常的工作和生活中，这对人们形成正确的行为认知、提升行为能力素质，起到极大的促进作用。

野战运动对行为能力的促进

自 20 世纪 90 年代起，我国就积极倡导和大力推广素质教育的理念，近年来，虽取得了一定的成绩，但应试教育向素质教育的转变仍然任重道远，势必还有漫长的道路要走。最明显的表现在于：步入社会就业的各类毕业生，与企业用人需求之间的巨大差距。显然，学生走出校门，尚无法满足企业对人才能力素质方面的要求。这种能力素质上的不足,往往并非专业能力,更多是行为能力。

野战运动以其独特的项目内涵,对参与者诸多行为能力的促进与提升,起着不可替代的作用。

(1) 敏锐的观察判断能力。

观察判断力是社会生活必需的基本能力,这种能力的习得是日积月累和潜移默化的过程,观察判断力可以追溯到原始人的渔猎生活。思维与行动是两回事,即使试卷上的判断选择题能得 100 分,却有可能在现实生活中处理问题不及格。行为能力需靠实践获得,犹如幼崽向母兽学习捕食技巧,学生时代就积极投身野战运动,会使人对事物的观察更加全面、判断更加迅速准确。

(2) 应变和把握机会的能力。

机会往往稍纵即逝,能否把握得住,完全取决于正确快速的应变和抉择。机会的把握在野战运动中得以完美体现。野战运动瞄准射击节奏非常快,手腕的任何细微变化,都有可能"葬送性命"。

快速正确地选择回击方式,在高速的你来我往中,寻找和攻击对手弱点。职场人际交往也是动态的过程,和野战运动比赛一样,每个回合都是一次信息传递,而每次交往与传递的时间却很短,若稍有迟疑,便会丧失机会。工作中要想取得好的效果,把握好时机,及时向同伴传递信息非常重要。

(3) 处变不惊沉稳应对的能力。

在快节奏的职场中,很难预测下一秒将会发生什么,保持沉稳心态,以处变不惊的理智头脑来应对变幻莫测的混乱局面,是一种成大器的素质,也是高尚人格的表现。体育运动从生理和心理的角度,为人们提供了锻炼处变不惊能力的各种情景。

(4) 坚毅果敢勇于负责的能力。

很多的事情都需要勇气才可以做好,往往还需要一点孤注一掷的赌徒心理。如果在职场总是缺乏决断的勇气和承担责任的信心,那么,建议你不妨去体会野战运动带来的挑战和压力的乐趣,体验输赢就在瞬间、"生死"就在瞬间的感觉,相信你会有做任何事情都无所畏惧的感觉。

(5) 团队协作配合的能力。

在职场中,"团队"一词越来越被重视,因为集体的力量是巨大的。而强大集体的形成和保持,要求其成员必须具备强烈的协作意识和群体精神。因此,如何在一个团队中找到自己正确的位置,如何与人协作实现团队而非个人的目标,如何服从游戏规则和纪律,如何最大限度地发挥自己的能力,成为每一个团队成员需要认真思考的问题。

团队意识就是集体意识,体育运动的集体性特点,为培养协作意识和群体精神提供了有利条件。作为集体的一员,必须处理好个人与集体的关系、融洽与同伴的关系，并自觉地提高运动技能水平，只有这样才能承担起团队中角色的权利、义务和责任。良好的协作能力是现代社会对人才质量和规格的一项基本要求，体育运动交往所锻炼的协同配合、待人接物、豁达坦荡、忍辱负重等品质，奠定了现实生活中人际交往成功的基础。

(6) 平衡协调和组织资源的能力。

所谓“过犹不及”，任何事物都需要把握一个“度”，这就是一种保持平衡的能力。权利、财富、公正追求的都是一种平衡。当然，一个社会抑或一个公司中，各方利益不可能完全均等，因此，借助现有资源，保持某种状态的动态平衡，就需要展现平衡协调及组织资源的能力。好比一场足球赛，在伤兵满营、阵容不整的情况下，要通过合理的组织和调配，实现整体的攻守平衡和局部的战术配合。

(7) 全局观念和控制管理的能力。

全局观和掌控力是创业者的必备素养，俗话说“不想当将军的士兵不是好士兵”，同理，对每一个在职场打拼的人来说，“不想当老板的职员不是好职员”。因此，从业者都应该自觉地培养和发展这一能力。参与脑体结合的野战运动，能有效地促进人们全局观念和控制管理能力的发展。

第三节　野战运动的课程设置与实施

课表上的每门课程，均需符合统一的教育规律，其规划实施要紧密结合课程的目标任务。野战运动作为学校体育教学内容的补充，更需依照项目特点对课程进行全面设计，确保课程的科学性和有效性。

一、野战运动的教学设计

(一) 整体教学设计

1. 课程需求分析

体育课教学贯穿整个学生生涯，是学校教育中学制最长的课程之一。随着科技的发展，手机互联网时代的到来，学生课余生活愈加丰富，用于身体锻炼的时间也愈加减少，青少年身体素质长期下滑不止的现实，已然昭示了加强学校体育教育工作的紧迫性。

学生时期人体的生长发育处于整个人体生长发育的末期，这段学习生活之后，学生们将步入社会，走上工作岗位。这就要求学校体育课程必须具有较强的针对性和一定的前瞻性，力求为学生造就从业所需的身体素质能力，以及树立正确的体育健身意识打下坚实的基础。野战运动教学结合当前普遍开展的形体塑身、户外教育、定向越野等项目，可有效提升学生的身体实践能力，野战运动结合军事知识，更是学校国防教育的最佳途径。

2. 课程目标设计（表 5-3-1）

表 5-3-1　野战运动课程目标设计

能力目标	认知目标	情感、态度、价值观目标
1. 全面提升学生身体素质和人体基本活动的能力 2. 掌握野战运动的科学健身方法和正确的健身手段，使每一位同学都具备胜任职业需求的身体能力 3. 突出发展学生军事运动才能，使其熟练掌握瞄准射击、掩体运用等基本军事技能 4. 全面提高学生的心理健康水平，以及对自然环境和社会环境的适应能力 5. 发展学生的个性，培养提高其合作意识与社会责任感，以及面对挫折的心理承受能力	1. 运用理论与实践相结合、课内与课外相结合，全面提升学生的健身意识，促进终身体育观念的形成 2. 通过生动的情景化教学，扩展学生国防军事知识，激发学生的野战运动兴趣 3. 通过体育文化素养的提升，丰富学生参与野战运动的方法和技能，提高学生的运动创新能力	1. 使学生形成规则意识，以及坚忍不拔、吃苦耐劳等良好的行为习惯 2. 努力提升学生克服和挑战困难的智慧与勇气，使其成为主动关心和积极参与国防教育事务的当代青年 3. 结合教学内容，对学生进行爱国主义、职业道德和行为规范等方面的教育，努力培养学生良好的思想作风、顽强的意志品质、强烈的竞争意识和高尚的团队精神

注：能力目标，包括技术或业务操作能力、智力操作能力、创新能力等；认知目标又称为知识目标，指需要了解、掌握和灵活运用的知识；情感、态度、价值观目标，指对专业和课程学习的情感、态度、价值观等目标。

3. 课程内容设计（表 5-3-2）

表 5-3-2　野战运动课程内容设计

序号	课程单元（或项目，或学习情境，或模块）名称	课时数
一、理论课	1. 野战运动概论 2. 国防教育知识 3. 野战运动装备 4. 竞赛规则与组织	4
二、能力素质	1. 基本队列队形（整齐报数、三面转法、齐步正步等） 2. 专项身体能力（卧翻、滚跃、匍匐前进等） 3. 一般身体素质（力量、速度、耐力、灵敏、柔韧等）	4

续表

序号	课程单元（或项目，或学习情境，或模块）名称	课时数
三、基本技术	1. 枪械握持技术 2. 瞄准射击技术 3. 掩体运用技术 4. 手语沟通技术 5. 其他技术	8
四、基本战术	1. 一般战术：迂回、包围、突围等 2. 战术队形：横向、纵向、三角等 3. 常用配合：掩护推进、前后夹击、火力配置等 4. 战术原则及作战技巧 5. 战术方案制订与实施	6
五、实践	1. 运动队组建 2. 室内对抗 3. 室外对抗 4. 其他	6
六、考核	1. 理论考核 2. 单项技术考核 3. 实战考核	4

4. 能力训练（表 5-3-3）

表 5-3-3　野战运动能力训练目标

序号	单元名称	具体能力目标	认知目标	训练方式、手段	结果、评价
1	专项素质及野战运动理论	具备参加野战运动的基本身体素质和解读野战比赛的基本能力	了解野战运动发展的相关知识和素质要求，明确野战运动各个技、战术环节	各种野战运动身体能力练习，以及速度、力量、耐力、协调、灵敏等身体素质练习	1. 理论笔试 2. 队列技能 3. 身体能力

续表

序号	单元名称	具体能力目标	认知目标	训练方式、手段	结果、评价
2	野战运动基本技术	熟悉枪械装备，熟练掌握瞄准与射击技术，学会合理选择利用掩体	能清晰复述技术规格，明确技术的正确运用时机	负重举枪练习，各种姿势射击练习，各种移动练习	1. 射击成绩 2. 持枪跃进 3. 掩体运用
3	野战运动基本战术	掩护推进，前后夹击，火力配置群狼战术	具备野战运动基本战术的理解能力	分组练习，模仿练习，情景化手段	对实际运用情况进行评价
4	野战运动实战能力	具备参与野战运动比赛的基本能力	具备一定的比赛阅读能力，理解野战运动比赛的基本规则	各类教学比赛	比赛参与度及职责技术能力

5. 课程实施方案设计(表 5-3-4)

表 5-3-4　野战运动课程进程表

序号	单元名称	课时数	具体能力目标	认知目标	方法、手段	考核、评价
第一单元	野战运动理论知识	4	认知相关理论知识并运用于野战运动实践	了解体育的目的、任务及科学健身知识，体育美育知识及运动欣赏水平	各种身体素质练习，PPT、比赛录像等	1. 课堂提问 2. 理论试卷
第二单元	身体能力提升教学	4	具备接受野战运动教育所需的身体素质要求	全面了解自身能力，并正确评估进行本课学习的具备条件	问卷调查，典型分析，综合评估	能力达标

续表

序号	单元名称	课时数	具体能力目标	认知目标	方法、手段	考核、评价
第三单元	野战运动技术教学	8	掌握野战运动相关技术环节，达到运用自如的程度	熟悉动作规格，建立起正确的技术动作概念	讲解示范，分解动作，综合练习，典型分析，错误纠正，动作挂图	1. 技术评定 2. 动作考核
第四单元	野战运动战术教学	6	熟练掌握野战运动基本战术环节，灵活运用各类、战术技巧	明确相关战术的目的意义，了解正确的运用原则	讲解示范，分解动作，综合练习，典型分析，错误纠正，动作挂图，视频录像	1. 理论考核 2. 实施能力
第五单元	野战运动实践教学	6	掌握单人作战和集体作战的实战进程，提高各项技、战术实际运用能力	理解掌握野战运动的技、战术概念，并能够进行灵活运用	讨论法，比赛法，视频录像，综合讲评	实战对抗成绩
第六单元	野战运动课程考核	4	掌握野战运动课程内容的各项要求	熟悉野战运动操作流程，具备一定的组织参与能力	试卷考核，专项能力，模拟实战	1. 理论考核 2. 身体素质 3. 实践操作 4. 课程考勤

6. 课程学业评价方案设计（表 5–3–5）

表 5–3–5　课程学业评价方案

学业评价类型	形成性（过程性）评价		总结性评价（综合评价）
	情感、态度、价值观目标	能力和认知目标	
评价内容与方式	上课出勤率 10% 课程参与度 5% 能力提高度 5%	理论知识 10% 身体素质 20% 运动技能 50%	课堂提问 理论试卷 技术评定 能力达标
成绩权重	20%	80%	100%

（二）野战运动单元课教学设计

野战运动单元课教学设计主要包括学习主体分析、教案首页设计和单元课教学结构及过程设计。

1. 学习主体分析

本单元安排在第三学期之后的体育选修课上进行，要求学生入学体检合格，通过国家体质锻炼标准要求，身心健康，具备一般体育实践能力。专项素质上要求学生具备一定的弹跳能力、协调能力和动作技术的认知能力。其先导课为高中或中职的相应体育教学内容。

本单元内容对学生具有潜在的吸引力，因为，追求运动体验是每个人的天性，如何保护和激发学生的这种天性，是体育教师教学能力的展现。通过野战运动的学习和练习，不仅能够促进学生体质的全面发展，同时也可在愉悦的氛围中，有效提高学生的心理抗压能力。

本单元教学要注意对学生膝、踝关节的保护，首先要求学生认真做好准备活动，其次是练习场地要软硬适度、开阔平坦，另外就是对练习量的合理控制。教师需对学生取得的点滴进步及时予以鼓励和肯定，努力激发他们的练习热情和追求成功的渴望。要注意通过课堂的引导，使学生课下自觉练习，形成体育锻炼的良好习惯，这才是本课的终极目的所在。

2. 教案首页设计（表 5-3-6）

表 5-3-6　教案首页设计举例

单元课标题	野战运动第 x 次课		课时数	2
上课班级	2016 级选修教学班	上课地点	拓展运动场	
	能力目标	认知目标		
学习目标	1. 站姿持枪瞄准 2. 跑进中瞄准衔接 3. 发展腿部力量和协调性练习	1. 明确助跑环节在项目中的作用 2. 了解踏跳后摆动腿的正确技术要求 3. 明确第一跳需留有余地和积极落地		
能力训练任务	1. 正确的枪械握持方法 2. 抵肩站姿瞄准的稳定性 3. 行进与瞄准的衔接速度 4. 腿部的支撑力量	1. 掌握正确的持枪姿势和站立式瞄准方法 2. 学会行进中快速瞄准技术动作 3. 利用单足跳及骑人深蹲发展腿部力量		
教材参考资料	1.《70 个教学实务锦囊》 2.《军事地形与定向运动》 3.《军事技能》	1. 全国野战运动比赛录像 2. 课堂练习录像 3. 网上查阅跳远技术理论		

3. 单元课教学结构和过程设计

以野战运动课程第三教学单元为例(表 5-3-7)。

表 5-3-7　野战运动单元课教学结构和过程设计

程序序号	教学内容	教学方法	教学手段	学生生活	教师活动	时间(分)
第三单元 第 1 次课	1. 复习队列规格及练习 2. 介绍野战运动装备 3. 学习枪械的握持技术及携械行进技术	1. 游戏法 2. 语言法 3. 直观法 4. 视频图像法 5. 网络自主学习法	1. 保护帮助 2. 正误对比 3. 区别对待 4. 重复练习 5. 间歇练习	1. 严肃活泼 2. 互帮互助 3. 遵守纪律 4. 积极参与 5. 吃苦耐劳 6. 网络学习	1. 运用口哨 2. 口令指挥 3. 游戏组织 4. 技术讲解 5. 动作示范 6. 语言激励	准备部分:25 基本部分:55 结束部分:10
第三单元 第 2 次课	1. 复习上次课内容 2. 学习立、跪、卧等射击姿势 3. 行进与射击间的衔接	1. 语言法 2. 直观法 3. 分解法 4. 完整法 5. 练习法	1. 保护帮助 2. 正误对比 3. 区别对待 4. 重复练习 5. 间歇练习	1. 态度端正 2. 严肃活泼 3. 互帮互助 4. 吃苦耐劳 5. 练习努力	1. 口令指挥 2. 练习组织 3. 技术讲解 4. 动作示范	准备部分:25 基本部分:50 结束部分:15
第三单元 第 3 次课	1. 复习枪械持带及射击姿势 2. 学习射击瞄准技术 3. 发展上肢力量	1. 语言法 2. 直观法 3. 分解法 4. 完整法 5. 练习法	1. 保护帮助 2. 正误对比 3. 区别对待 4. 重复练习 5. 间歇练习	1. 刻苦练习 2. 遵守纪律 3. 互帮互助 4. 尊敬教师 5. 团队协作	1. 运用口哨 2. 口令指挥 3. 练习组织 4. 技术讲解 5. 动作示范	准备部分:25 基本部分:55 结束部分:10
第三单元 第 4 次课	1. 复习前次课内容 2. 学习掩体技术 3. 发展下肢力量	1. 语言法 2. 直观法 3. 分解法 4. 完整法 5. 练习法	1. 错误纠正 2. 循环练习 3. 变换练习 4. 综合练习	1. 刻苦练习 2. 遵守纪律 3. 互帮互助 4. 尊敬教师	1. 运用口哨 2. 口令指挥 3. 练习分组 4. 技术讲解 5. 动作示范	准备部分:25 基本部分:55 结束部分:10

注:教学手段:多媒体课件、板书、实物、模拟仿真、作品展示等,宜采用几种组合,至少是多媒体课件和板书的有机组合。

二、野战运动教案设计

【教案列举】

野战运动教学训练组织

一、整队

(1) 列队:清点人数。

(2) 口令练习。

(3) 分队:分为红蓝两队,注意人数和男女比例的平均分配,选出队长。

二、热身运动

以排头为基准,左右间隔两米,前后间隔两米,成体操队形,散开。

(1) 头部运动。

(2) 肩部运动。

(3) 腰部运动。

(4) 膝部运动。

(5) 踝腕部运动。

(6) 正压腿。

(7) 侧压腿。

(8) 伏身拉伸。

(9) 跳跃伸展。

三、装备及规则讲解

1. 装备讲解

根据现场使用的不同厂家的相关型号装备做出相应的讲解。

2. 装备使用

接通双方队员的设备电源,但枪械暂时还不能使用,因为设备还处于待机状态,需通过遥控器开机才能使用。开机时,设备上的振动器振动两次,提示已开机,可以使用。请双方队员枪口对地扣动扳机,这时听到的“咔咔”声就是枪内无弹的提示声。当枪口举起时,枪会发出拔担架、插弹夹、拉枪栓的声音,那表明枪械正在上弹,上弹时请不要扣扳机,上弹时间大约3秒钟,上弹完毕后枪械的指示灯会由红色变成绿色。学员们使用的所有枪械都有无限量子弹,也就是说,只要你不“阵亡”,就可以战斗到底,不必考虑子弹的问题,并且上弹不需要把所有弹打尽、随时可以上弹,随时可将弹夹补满。活动时需要特别注意的地方是:当你被“击中”后,也就是振动器振动的时候,系统会有大约

3秒钟的无敌时间,在这3秒钟内你是无敌的。当振动器短促振动一次,说明你已"击中"对方。

3. 阵亡讲解

阵亡的特征是发出一声伴有振动的长鸣约3秒钟,背心上的灯开始闪动,设备自动锁闭,这时证明你已被"击毙",然后到指定区域集合待命。

4. 注意事项

(1) 不得将手插于裤兜内,以免摔倒时发生意外。

(2) 如果阵亡,必须立刻摘下头盔,退出战区,到指定区域集合待命,不得在战区内逗留。

(3) 阵亡者阵亡后要保持沉默,不得向其他人员通报对方情况。

(4) 不得使用任何物品遮盖激光接收器。

(5) 不得肉搏或以肢体冲撞,包括手抓对方枪管。

(6) 不得攀爬任何树木或危房,或毁伤场地内的各种物品及动植物。

(7) 不得在场地内乱扔杂物、垃圾。

(8) 禁止在活动中使用对方的识别标志。

(9) 枪口不要接触地面。

(10) 在设备电源接通后,严禁插拔联机。

四、穿戴装备

1. 列队

列队记录设备编号。

2. 穿戴背心

红蓝两队面对面列队,红队从起始编号的装备袋起列队,蓝队从结尾编号的装备袋起列队,每人对应一个装备袋。打开装备袋,取出装备袋内的头盔,先将头盔内的护膝取出,穿在腿上,头盔可放在装备袋的前面,从装备袋内取出背心。将背心背部在后,天线朝上,前部在前从头部套入。穿戴背心要求松紧适度,不影响呼吸。

3. 佩戴头盔

头盔上有一个接线盒,正确佩戴头盔后,接线盒应该在头部右后侧。

五、分发比赛器材——激光发射器

分发比赛器材——激光发射器时,每队每次派一名队员领比赛器材,其他队员列队原地待命,领取到比赛器材的队员回到队列中,下一名队员再来领取,所有队员领完后,统一将枪带按右肩左斜的方式,挎在身上,然后连接头盔线。并开机检查联机是否正确。

六、实战演练

集合队伍,分别带到自己队伍所属出发区。开始口令发出并全员开机后,战斗正式开始。

三、情境教学在野战运动中的运用

野战运动具有进行情境教学的绝佳条件。情境教学法是指在教学过程中,教师有目的地引入或创设具有一定情绪色彩的、以形象为主体的具体的场景,以引起学生一定的态度体验,从而帮助学生理解教材,并使学生的心理机能得到发展的教学方法。

情境教学法的核心在于激发学生的情感。情境教学是在对社会和生活进一步提炼和加工后,才影响作用于学生的。诸如榜样作用、生动形象的语言描绘、课内游戏、角色扮演、情感分享、形体欣赏、旅游观光等,都是寓教学内容于具体形象的情境之中,其中也就必然存在着潜移默化的暗示作用。人要受环境的教育,原因就在于人有可暗示性。这是心理学和暗示学研究所共同证明了的。比如,情境教学能够陶冶人的情感,净化人的心灵;又如,情境教学可以为学生提供良好的暗示或启迪,有利于锻炼学生的创造性思维,培养学生的适应能力。

(一)野战运动中情境教学的作用

(1)野战运动可调动学生情感、兴趣、愿望、动机、无意识潜能等对智力活动的促进作用因素,同时又能培养其刻苦和钻研精神。便于教师把学生视作理智与情感同时活动的个体,在精神集中与身心轻松并存的状态下,想方设法地调动学生各方面的潜能。

(2)教师在轻松愉快的情境或气氛中引导学生思考各种问题,展开自己的思维和想象,寻求答案,分辨正误,强调思维的“过程”与“结果”一样重要,使学生把思考和发现体验作为一种快乐,而不是一种强迫或负担。

(3)情境教学是一种特定情境中的人际交往,野战运动场景有利于学生主体地位的体现,便于教师在情境教学中从学生的实际出发,使学生积极、主动和快乐地完成学业。

(二)情感与认知的相互作用

情绪心理学研究表明:健康、积极的情感对认知活动起积极的引导和促进作用;反之,消极、不健康的情绪对认知活动起阻碍和抑制作用。

情境教学法就是要在教学过程中引起学生积极的、健康的情感体验,提高学生学习的积极性,使学习活动成为学生主动进行的、快乐的事情。欢快活泼的课堂气氛是取得优良教学效果的重要条件,学生情感高涨和欢欣鼓舞之时往往也是知识内化和深化之时。野战运动认知活动的增力效能,解决了目前学生中普遍存在的学习动力不足的问题，提供了全新的启示和实践可能。

1. 基本途径

运用情境教学首先需用“着眼发展”的观点，全面地提出教学任务，而后优选教学方案，根据教学任务、班级特点及教师本人素质，选择创设情境的途径。创设情境的途径初步归纳为：生活展现情境、实物演示情境、图画再现情境、音乐渲染情境、表演体会情境、语言描述情境等。

2. 主要效用

（1）情境带入。

野战运动的情境教学就是要抓住学生在此过程中产生的探究乐趣心理，持续地激发其学习动机，达到变被动学习为自我需要的目的。学习动机被激起后，若教学过程刻板、单一，学生则会因失望而使已形成的动机弱化，以至消失。因此，要求教学者将受教者带入情境后，要想方设法使情境成为一个连续的动态的客体，以使学习的动机稳定、持续、强化，从课堂到课余，乃至延续到日后漫长的学习生活中。

（2）形象感染及体验。

直观手段与语言描绘的结合，可以使野战运动教学获得意想不到的效果。野战运动或其他形式的野战游戏中，角色的扮演或枪械实物的演示始终为情感色彩所笼罩，成功的愉悦与失败的悲伤，将不断激发参与者的进取心，这正是情境教学的魅力。

（3）形象思维与抽象思维相结合。

野战运动通过优化情境，使学生在激战的乐趣中，获得形象感染、情感体验和智慧启迪，学习动机在其间不断强化。如此，由上述诸因素构成了相互作用的连续体，并不断地向前推进，其中的诸因素得到了深化，整体情境也随之而丰富，使学生的道德教育、思想教育、审美教育得到了潜移默化的提升，从而全面地完成认知、教育、发展三方面的任务。

（4）凭借情境。

训练感觉、培养直觉、发展创造是野战运动情景化教学的价值所在。野战运动具有形真、情切、意远、理蕴等特点，符合认知活动与情感活动的有效结合，从而达到平衡、协调大脑两半球的相互作用。野战运动中，教师将学生带入全身心投入的真切情境，从而使教学活动进入师生共处的、忘我的、几乎是无意识的状态。这种形与情的刺激必然激活右脑，而使左脑处于暂时的“休息期”，这为调整学生心理，使其精神饱满、生动活泼地继续学习，提供了重要保证。

（5）拓宽情境。

单纯的室内教育不仅打破了第二信号系统与第一信号系统之间的平衡，而且已经逐渐导致第二信号系统源泉的枯竭。通过野战运动训练，学生能在认识周围世界的乐趣中，平衡两个信号系统的发展。情境教学充分注重学习者与大自然的接触，努力实现认识大自然、潜心启迪智慧以及与道德审美教育相结合的教学目标。

四、野战运动与军事理论

野战运动中军事理论的运用，是国防教育的具体体现。军事理论教育和作战技能训练的活动，通常分为部队训练、院校训练和预备役训练（也称“后备役训练”），许多国家把军事训练列为战略研究的一项内容。

军事训练是军队平时的主要任务，在国家武装力量建设和战备工作中占有重要地位，是战备的重要方面。军事训练的基本任务：学习军事理论、战略战术和军事技术；研究和了解有关国家的政治经济状况、军事思想、军队编制、军事装备和作战特点；熟悉作战地区的地形、水文、气象及其对作战行动的影响；演练诸军种、兵种合成军队作战的组织指挥和协同动作；培养军人坚强的体魄、严格的组织纪律性和英勇顽强的战斗作风。其目的是提高军队的军事素质和战斗力，随时能执行作战任务。

军事训练同国家的政治经济、军事思想、军事技术以及军队的传统、经验和作战任务等密切联系。社会的进步，科学技术的发展，作战样式的变化和军队体制编制、比赛器材的变革，对军事训练不断提出新要求，赋予新内容。而军事训练的实践又深刻地影响、促进着军事理论的发展。

（一）军事理论的相关概念和价值

研究军事训练的现象及其规律的学科称军事训练学。它是军事科学领域中的一门学科，也是教育学的一个分支。

1. 军事地形学的概念和特点

军事地形学是从军事需要出发，也就是从军队战备、训练、作战的需要出发，研究如何识别和利用地形的一门科学。地形是地貌和场地的总称，它是国防地理的重要组成部分。

（1）地貌：指地表面平坦和起伏的自然状态。这种自然状态是由于地球的内力（地壳运动、火山活动、地震等）和外力（流水、冰川、风、波浪、海流等）相互作用而成的。依据地貌的状态可将地形分为平原、丘陵、山地和高原。

（2）野战运动场地：指分布在地表面上人工或自然形成的固定性物体。依野战运动场地的分布和土壤的性质，地形可分为居民地、水网稻田地、江河与湖泊、山林地、石林地、黄土地、沙漠与戈壁、草原、沼泽等。

2. 军事组织行为学的概念和特点

组织行为学是研究一定组织中人的心理和行为规律性的学科。它采用系统分析的方法,综合运用心理学、社会学、人类学、生理学、生物学、经济学和政治学等知识,研究一定组织中人的心理和行为的规律性,从而提高各级领导者和管理者对人的行为预测和引导能力,以便更有效地实现组织预定的目标。

3. 军事野外生存的概念和特点

在和平环境中,生存对个体而言是为提高生活质量,保持自身存在与发展变化的总称。对群体而言则是如何与环境和谐相处以求进一步发展的过程。但当人类文明遭受破坏,如因战争爆发导致人们处于极端恶劣的生态环境下时,野外生存能力的重要性就凸显出来。"野外"强调的是环境的原始性和自然性,指人类在非正常生活的自然环境下,最大限度地维持生命存活力的行为。

结合军事的野外生存,即人在住宿无着的山野丛林中求生。深入敌后的特种部队、侦察兵和空降兵、海军陆运动队,以及在战斗中与部队失去联系的战士和失事的空勤人员,在孤立无援的敌后或生疏的荒野丛林或孤岛上,在仪器断绝的情况下,更需要此项本领。

积极主动参加野外生存训练,学习并掌握一些有关野外生存的知识和技能是很必要的。因此,利用野战运动结合军事实践,是提高人们在极端环境下求生本领的有效途径。

4. 军事训练的技能

军事技术是指军事理论教育和作战技能训练的活动。其基本任务是学习军事理论、战略战术和军事技术等;目的是提高受训者的军事素养和随时执行作战任务的能力。

野战运动融入了军事野外生存技术、作战战术、军事通信技术、军事地形学、比赛器材射击技术等军事技术,军事理论与军事战略知识。它在丰富了课程内容的同时也培养了现代人的军事技能和知识。同时,军人的纪律、服从、执行、责任和荣誉感是现代各行各业的职业人士在工作中必要且重要的基本素质要求。

5. 军事理论在野战运动中的运用

野战运动讲究团体合作与团队精神,但若你陷入被对手围攻而身边没有同伴的情况下,单人作战的技巧就显得更加重要了。其包含的主要内容有手语沟通、移动技巧、巷战技巧、射击选位、地形野战运动场地利用等。

(二) 军事野外生存技能

团队野外生存,讲求的是协作,即各有所长,又各有所需。团队需要一个懂得并且善于与人合作的个人,而不需要一个全能却特立独行、格格不入的人。独自进行野外生存,要掌握的就必须是在野外环境下能够维持生存的所有技能。下面将介绍一些野外生存所应当具备的装备和技能。

1. 必带装备

野外生存活动自从“军转民”以来,作为一种有益身心并有利于培养团队精神的群众性文体活动,更加强调如何接近大自然,去探索未知的精彩世界。因此很多装备是必不可少的:背囊、野外生存用鞋、电筒及荧光棒、指北针、求生哨、求生刀具、手表、通信工具、帐篷、睡袋及防潮垫、生火工具、水壶、望远镜、照相机、备用食品等。

2. 利用自然特征判定方向

野外生存在没有地形图和指北针等制式器材的情况下,要掌握一些利用自然特征判定方向的方法。

(1) 利用太阳判定方位。

① 可以用一根标杆(直杆),使其与地面垂直,把一块石子放在标杆影子的顶点 A 处;约 10 分钟后,当标杆影子的顶点移动到 B 处时,再放一块石子。将 A、B 两点连成一条直线,这条直线的指向就是东西方向。与 AB 连线垂直的方向则是南北方向,向太阳的一端是南方。

② 利用指针式手表判定太阳方向的方法:手表水平放置,将时针指示的(24 小时制)时间数减半后的位置朝向太阳,表盘上 12 点时刻度所指示的方向就是北方。假如现在时间是 16 时,则手表 8 时的刻度指向太阳,12 时刻度所指的就是北方。

(2) 夜间天气晴朗的情况下,可以利用北极星判定方向。

寻找北极星,首先要找到大熊星座(即北斗星)。该星座由七颗星组成,开头就像一把勺子一样。找到北斗星后,沿着勺边 A、B 两颗星的连线,向勺口方向延伸约为 A、B 两星间隔的 5 倍处的一颗较明亮的星就是北极星。北极星指示的方向就是北方。还可以利用与北斗星相对的仙后星座寻找北极星。仙后星座由 5 颗与北斗星亮度差不多的星组成,形状像“W”。在“W”缺口中间的前方,约为整个缺口宽度的两倍处,即可找到北极星。

(3) 利用野战运动场地特征判定方位。

使用时,应根据不同情况灵活运用。独立树通常南面枝叶茂盛,树皮光滑。树桩上的年轮线通常是南面稀、北面密。农村的房屋门窗和庙宇的正门通常朝南开。建筑物、土堆、田埂、高地的积雪通常是南面融化得快,北面融化的慢。大岩石、土堆、大树南面草木茂密,而北面则易生青苔。

在野外迷失方向时,切勿惊慌失措,而是要立即停下来,冷静地回忆一下所走过的道路,想办法按一切可能利用的标志重新制订方向,然后再寻找道路。最可靠的方法是“迷途知返”,退回原出发地。

在山地迷失方向后,应先登高远望,判断向什么方向走。通常应朝地势低的方向走,这样容易碰到水源、顺河而行最为保险,这一点在森林中尤为重要。因为道路、居民点常常是滨水临河而筑的。如果遇到岔路口,道路多而令人无所适从时,首先明确要去的方向,然后选择正确的道路。若几条道路的方向大致相同,无法判定,则应先走中间那条路,这样可以左右逢源,即便走错了路,也不会偏差太远。

3. 复杂地形行进方法。

在山地行进,为避免迷失方向,节省体力,提高行进速度,应力求有道路不穿林翻山,有大路不走小路,如没有道路,可选择在纵向的山梁、山脊、山腰、河流、小溪边缘,以及树高林稀、空隙大、草丛低疏的地形上行进。要力求走梁不走沟,走纵不走横。

行进时,能大步走就不小走。这样几十公里下来,可以少走许多步。疲劳时,应用放松的慢步来休息,而不要停下来。攀登岩石时,应对岩石进行细致的观察,慎重地识别岩石的质量和风化程度,确定攀登的方向和路线。

攀登岩石的基本方法是“三点固定”法,即两脚一手或两手一脚固定后再移动剩余的一手或一脚,使身体重心上移。手脚要很好地配合,避免两点同时移动,一定要稳、轻、快,根据自己的情况选择最合适的距离和最稳固的支点,不要跨大步和抓、蹬过远的点。

攀登 30°以下的山坡可沿直线上升。攀登时,身体稍向前倾,全脚掌着地,两膝弯曲,两脚呈外“八”字形,迈步不要过大过快。坡度大于 30°时,一般采取“之”字形攀登路线。攀登时,腿微曲,上体前倾,内侧脚尖向前,全脚掌着地,外侧脚尖稍向外撇。若行进中不小心滑倒,应立即面向山坡,张开两臂蹬直两腿,脚尖翘起,使身体尽量上移,以减低滑行的速度。这样,就可设法在滑行中寻找攀引和支撑物。千万不要面朝外坐,因为那样不但会滑得更快,而且在较陡的斜坡上还容易翻滚。河流是山区和平原地区经常遇到的障碍。遇到河流,不要草率入水,要仔细地观察之后再确定渡河的地点和方法。山区河流通常水流湍急,水温低,河床坎坷不平。涉渡时,为了保持身体平衡,应当用一根杆子支撑在水的上游方向,或者手执重达 15~20 公斤的石头。集体涉渡时,可 3~4 人一排,彼此环抱肩部,身体最强壮的位于上游方向。

第六章
野战运动的竞赛与组织

第一节　野战运动竞赛的意义与分类

一、野战运动竞赛的意义

野战运动经过长期的发展与实践，开始从全民健身、大众娱乐向竞技运动转变，标志着野战运动发展到了一个全新的阶段。野战运动竞赛体系的建立有助于推动野战运动进一步科学化、规范化发展。

二、野战运动竞赛的分类

（一）人工场地赛

人工场地赛是指在人工搭建的野战运动场地里组织的比赛，包括个人技能赛、单兵定点赛、双人挑战赛和团体对抗赛。人工场地通常要求为长 50 米、宽 30 米的轴对称场地，在场地里对称地摆放若干掩体，掩体数量可根据场地的实际大小增加或减少。

1. 个人赛

野战运动个人赛考察运动员的单人综合能力，个人赛又分为单人定点赛和单人技能赛两种形式。前者要求运动员具备过硬的个人综合技能，包括射击姿态，快速寻找目标，锁定目标，精准射击、攀爬、跨越障碍等能力。后者要求运动员具备高超的个人技战术综合运用能力。

2. 双人挑战赛

双人挑战赛由两名队员组成，队员可以是男女队员搭配，也可以同是男队员或同是女队员，通常根据队员完成任务的协同和默契程度作为组队依据。双人挑战赛要求在竞赛规程规定的有效时间内，两人共同依次完成规定的障碍穿越科目。例如，在匍匐前进、绕桩曲线跑、翻越障碍墙、单边桥、绳网攀爬、跨越壕沟等科目后，进行有效射击。整个任务完成时间短者获胜。通常双人挑战赛由三个障碍科目加一个射击科目组成；障碍科目可根据比赛场地条件任意选择组合，射击科目在随机速射靶和飞碟靶之间选择一项。双人挑战赛考察队员身体素质和共同完成任务的协同和默契程度。

3. 团体对抗赛

团体对抗赛由5名队员组成，队员可以是男女队员搭配，也可以同是男队员或同是女队员；通常根据比赛战术要求结合队员特点作为组队依据。团队对抗赛的胜负标准依次为：在规定的时间内率先攻占对方"司令部"，即先击中对方终点目标控制器为获胜；如果在规定时间内双方都未能攻占对方"司令部"，一方队员全部"阵亡"，则另一方获胜；如果双方均未全部阵亡，夺旗一方即击中中心点控制器一方获胜；如果在规定时间内双方都未能攻占对方"司令部"，双方均未全部阵亡，均未夺旗，剩余人数多者获胜，剩余人数相等，则生命值多者获胜；如果上述条件均相等，则由主裁判根据场上优势情况裁定胜负，裁定的依据为双方的主动进攻情况、技战术运用情况。团体对抗赛既考察队员的单人综合技能，同时也考察队员的团结协作、默契配合以及技战术的综合运用能力。

（二）自然场地赛

自然场地赛场面积通常大于人工场地赛场的面积，对抗时应选择中心线两侧地形、地貌大致对称的自然环境，裁判台的位置设置也可利用自然物体，或者人工架设，但要符合以下条件：

（1）视野良好，无观察死角。

（2）位置适当，不会影响到比赛。

（3）距离适当，保证裁判员判罚指令能够准确、清晰、即时传达给场上的每名运动员。组织比赛时，可根据自然条件因地制宜，充分利用自然的山坡、林地和湖泊作为掩体和障碍，模仿真实战场情境，提高比赛的真实感。

（三）巷战

利用闲置或者废弃的建筑，模拟城市攻坚战或巷战情境，通常以解救人质或完成敌后特种使命为背景展开。

第二节　野战运动竞赛的组织

和所有体育竞赛一样，野战运动渐渐成为人们喜爱的时尚竞技运动项目。其独特的内容设置为各年龄层的选手提供了同台竞技的平台。虽然该项运动对年龄因素不做过多限制，但比赛组织工作依然十分严格。

一、野战运动队的组建

（一）队伍成员

野战运动队通常由领队、教练员和运动员组成。领队日常负责整个队伍行政与后勤保障管理。比赛期间负责参加领队会，领会并传达比赛的精神及相关要求，负责协调和沟通比赛期间遇到的问题，例如对赛制或者判罚存在疑义，须由领队负责与赛事组委会进行协商与沟通。教练员负责队伍的日常训练及比赛期间的技、战术指挥及人员调配。人工场地赛队伍通常由 5 名正式队员和 1 名替补队员组成，单人赛、双人赛、五人团体赛参赛队员均由 6 名成员组成。自然场地赛和巷战队伍成员人数没有特殊要求，通常根据赛事组委的要求构建。

（二）组建队伍的要求

野战运动是一项脑体结合，具有较大运动强度，讲究团队配合的运动项目。因此，队伍组建时要依据项目的特点和建队目标选拔队员，条件如下：

（1）具备良好政治素养，无违法和违纪行为。

（2）身体健康，具备良好的身体素质。

（3）具备良好的团队意识。

（4）具备较强的协作与执行力。

二、野战运动比赛的编排

（一）淘汰法

淘汰法分单淘汰和双淘汰两种。单淘汰法亦称“冠军淘汰法”，即参加比赛的队失败一次便被淘汰，只有胜者才能继续参加比赛。这种竞赛方法最终可决出冠、亚军，但不能决出其余名次。双淘汰法是指在比赛中，失败一次后仍可与另一支失败一次的队进行比赛，再次失败即被淘汰，获胜队继续比赛，直到决出相应名次为止。淘汰法一般是在比赛时间短、参加队数多、经费不足的情况下采用，能节省时间，但比赛机会少、合理性差、胜负有较大偶然性。

1. 单淘汰法的编排

（1）场数和轮次的计算。

① 场数 = 参加队数 − 1。

② 轮次 = 参加队数的以 2 为底的幂指数。

例如：4 个队参加比赛，即 $4=2^2$，为二轮，

8 个队参加比赛，即 $8=2^3$，为三轮，

16 个队参加比赛，即 $16=2^4$，为四轮，

如果参加比赛的队数不足 2 的乘方数，则比赛的轮次是稍大的一个以 2 为底的幂的指数。如，14 个队参加比赛，按 16 个队的轮数来计算。

（2）轮空位计算。

用$(N-2^n)\times 2$的公式计算。N 代表队数，2^n 代表略小于队数的 2 的乘方数。如 13 个队参加比赛，即$(N-2^n)\times 2=(13-8)\times 2=10$，有 10 个队参加第一轮比赛，3 个轮空。

（3）确定种子队（员）。

为了使比赛逐步进入高潮，避免强队抽签意外集中，过早被淘汰，可以采用选种子队的办法。种子队的数量根据参加队的多少来确定，平均安排在上下两个半区，轮空为优先安排种子队。

（4）编排举例。

如果参加比赛的队数是 2 的乘方数，比如 8 队，就如图 6-2-1 所示逐步进行淘汰。

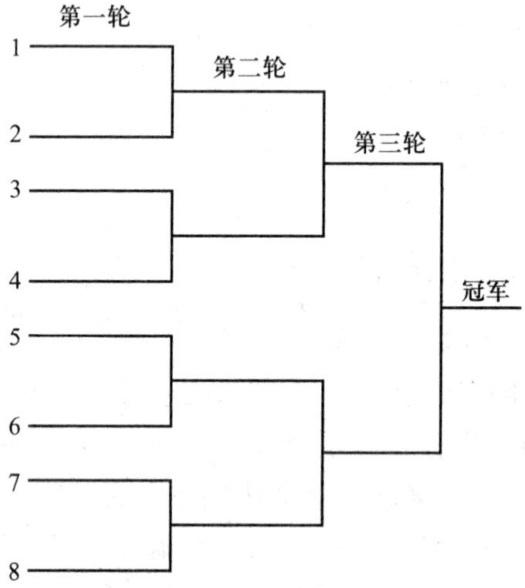

图 6-2-1　编排举例

如果参加比赛的队数不是 2 的乘方数，比如 30 队，则需按上述方法计算出比赛场数、轮次、轮空位、种子队等再进行淘汰，如图 6-2-2 所示。

2. 双淘汰法的编排

双淘汰法的编排与单淘汰法的不同在于比赛进入第二轮后，把失败的队员再编排起来继续比赛，再次失败的队则被淘汰，获胜队继续与上一轮失败的队进行比赛，只失败一次的队还能参加决赛，并有可能夺取冠军。

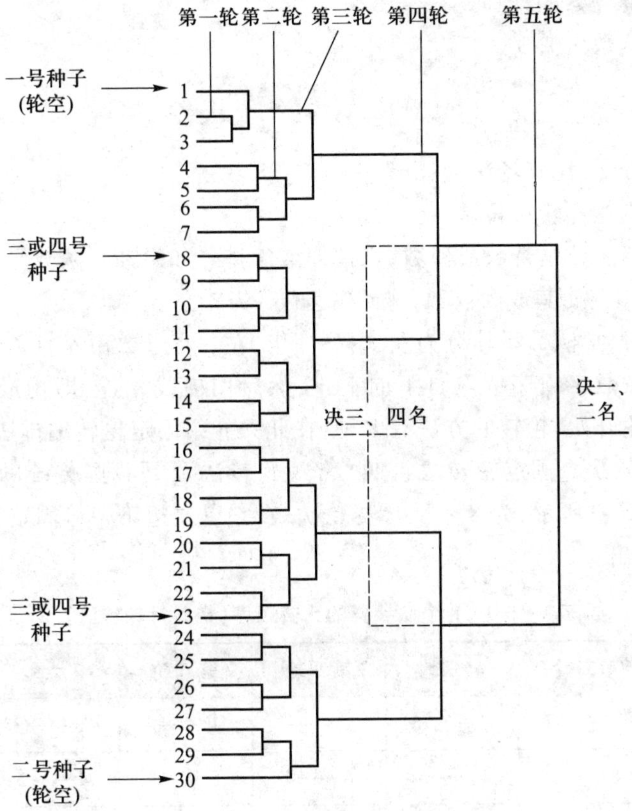

图 6-2-2　编排举例

（二）循环法

循环法包括单循环、双循环和分组循环。单循环是所有参赛队在比赛中均相遇一次，最后按各队在比赛中的得分多少、胜负场数来排列名次，一般是在参赛队不太多，比赛时间较长时采用。双循环是所有参赛队在比赛中均相遇两次，最后按各队在全部比赛中的得分多少、胜负场数决定名次，一般在参赛队数少、比赛时间较长时采用。分组循环是把参赛队分成若干组分别进行单循环比赛，决出小组名次后再进行第二阶段比赛，一般在参赛队多，比赛时间有限时采用。

1. 单循环法编排

（1）比赛轮数的计算。

在循环法的比赛中，各队都参加完一场比赛为一轮。当参赛的队为单数时，比赛的轮数等于队数。当参赛的队数为双数时，比赛的轮数等于队数减 1。

（2）比赛场数的计算。

设参赛队数为 n，则：

$$比赛场数 = C_2^n = \frac{n(n-1)}{2}$$

如 8 队参赛，比赛场次为：8(8-1)÷2=28 场。

（3）编排竞赛轮次表。

不论参赛队数是奇数或偶数，均按偶数编排。如果参赛队数是奇数，可在队数后加一个“0”，使其成为偶数，碰到“0”的队为轮空。

在编排时，把队数平均分为左、右各一半，左一半号数由序号 1 依次向下排，右一半号数按数字顺序依次自下向上排，然后用横线相连，即构成比赛的第一轮。从第二轮开始，轮转的方法有多种，在此只介绍固定轮转编排法。

① 确定轮次。固定轮转法也叫“常规轮转法”，是我国传统的竞赛编排方法。如表 6-2-1 所示，为 8 个队参赛轮次表，它以左边第一号固定不动，逆时针转动，逐一排出。

表 6-2-1　8 个队参赛的比赛顺序（逆时针轮转法）

第一轮	第二轮	第三轮	第四轮	第五轮	第六轮	第七轮
①——8	①——7	①——6	①——5	①——4	①——3	①——2
2——7	8——6	7——5	6——4	5——3	4——2	3——8
3——6	2——5	8——4	7——3	6——2	5——8	4——7
4——5	3——4	2——3	8——2	7——8	6——7	5——6

② 抽签。排好轮次表后，用抽签方法将各队抽到的签号填入轮次表中。

③ 编排比赛日程表。根据比赛的日期、时间、场地、服装颜色等排出比赛日程表。

2. 双循环法的编排

双循环比赛是指参加比赛的队先后进行两次单循环的比赛，最后按各队在全部竞赛中的得分多少、胜负场数决定名次。

双循环的编排方法与单循环相同，只是在第二循环时，是否重新抽签要视在比赛规程中有无明文规定，一般多采用主客场制的方法来进行。

3. 分组循环法的编排

分组循环就是把参赛队分成若干组，各组先进行单循环比赛，排出各组名次后，再进行第二阶段比赛。

（1）分组循环比赛的编排方法。

以8个队参加比赛为例。第一阶段分2组，每组4个队进行单循环比赛并排出各组名次。进入第二阶段的比赛，方法有：

① 同名次决赛，各组第一名决1~2名，第二名决3~4名，依次类推。

② 各组前两名编在一组决1~4名，后两名编在一组决5~8名。

③ 各组前三名编在一起决1~6名，各组第四名决7~8名，或各组第四名不进入第二阶段比赛。

（2）分组循环比赛的种子确定和位置排列。

种子队的数量一般应等于分组的组数，或是组数的倍数。种子队确定之后，先把种子队抽签到各组里，然后再用抽签的方法确定其他各队在各组的位置。若无法确定种子队时，可将参赛各队所抽序号按组数以“蛇形”排法分组，确定各组参赛队。

第三节 野战运动中的伤病处理

伤病是一切体育运动无法避免的负面影响，野战运动摸爬滚打的特点更是注定了擦伤、挫伤、撞伤等伤病的突发性。

一、正确认识运动损伤

1. 运动损伤的界定

运动过程中所发生的各种损伤统称“运动损伤”。主要有两大类：一类被称为“运动技术病”，因长期局部疲劳积累所至，如足球踝、投掷肩、网球肘、筋膜炎、腱鞘炎等；另一类是在运动中发生的急性伤，如擦伤、扭伤、拉伤、骨折、脱臼等。

运动损伤与一般的工伤或日常生活中的损伤有所不同，它的发生与运动项目、训练安排、运动环境、运动者的自身条件以及技术动作有密切的关系。

2. 运动损伤的成因

不同的运动项目，有其不同的运动损伤和规律，这是由运动技术的特殊要求和局部解剖弱点决定的。此外尚需有一些直接的条件才能引起损伤，主要有：

（1）训练水平不足，训练量不够常常是至伤的重要原因。

（2）比赛、教学或训练课组织不当。

（3）运动者身体状态不良。

（4）不良的气候因素和突变的环境因素。

3. 运动损伤治疗原则

(1) 合理安排伤后训练。

(2) 使用支持带及保护带。

(3) 进行局部理疗、按摩等。

(4) 注意全身配合治疗。

二、运动健身安全措施

1. 思想重视

伤害事故往往发生于思想放松、麻痹大意的时候,任何的心血来潮、盲目自信,或是情绪急躁、急于求成,都可能引发意想不到的伤害。因此思想上认真对待和重视、实践中讲求科学的锻炼方法,是避免伤害事故发生的重要措施。

2. 准备充分

准备活动是进行一切身体运动前必不可少的环节,包括准备活动的负荷量是否合适、准备活动的内容与将要进行的运动是否匹配等。充分地进行运动前的准备活动,是保证运动健身安全的重要措施。

3. 动作规范

违反人体解剖结构特点的不规范动作,极易造成身体的伤害。在体育锻炼过程中,要尽量使自己的技术动作符合规范要求。

4. 负荷适当

运动负荷过小,收效甚微,达不到锻炼目的;负荷过大,超出生理机能的承受范围,就极易造成伤病事故,因此要选择适宜的运动负荷。

5. 机能良好

当身体机能状况感觉不适时,如休息不好、睡眠不足、饮食欠佳、情绪低落等,要减少或停止运动。因为此时的生理和心理状态会使人肌力减弱、反应迟钝、运动能力下降,必须进行调理才符合健身安全。

6. 符合原则

必须遵守运动训练的基本原则,并系统、合理地实施。那种随意性大、科学性差、缺乏自我约束的运动方式,必然存在安全隐患,需努力克服。

7. 设备安全

运动前要注意检查场地设施的安全性,如平整度、稳定性、牢固度等,在尝试危险性较高的运动时,须加强保护,力求排除运动时一切外在的安全隐患。

8. 气候适宜

气候变化对户外运动影响较大,高温强晒易中暑、低温阴湿肌肉容易拉伤、能见度低易发生判断错误、雨天地滑易摔倒等,这些都可能造成运动损伤,要尽量避免。

三、运动伤病急救处理

1. 表皮擦伤

运动中摔倒或外力冲击与硬物相擦所形成的皮肤表面创伤，往往伴有出血、组织液渗出、红肿等现象。擦伤是外伤中较轻的一种，但其所造成的创面浅而脏、大而不规则，极易引发感染，若处理不当，伤口极难愈合。

小面积擦伤一般不必包扎，清洁伤口后，以2%红汞或1%甲紫涂抹即可。大面积擦伤须先将嵌入创面的泥土、沙粒等清理干净，用凡士林纱条覆盖，再以绷带包扎。

2. 软组织挫伤

软组织挫伤是指皮肤以下除骨骼之外的肌肉、韧带、筋膜、肌腱、滑膜、关节囊等组织，以及周围神经、血管的不同情况的损伤，主要造成组织破坏和组织生理功能紊乱。软组织挫伤一般是外力作用所致，当软组织受到钝性或锐性暴力损伤时，可以引起局部软组织的挫伤或裂伤。

对于软组织挫伤通常可采用镇痛、理疗、制动等方法治疗，在受伤24小时内，局部进行冷敷，可使皮毛血管收缩，组织水肿消退，起到止血、消肿、镇痛的作用。采用中药早期敷药方法治疗，会取得非常好的疗效，往往在敷药后就能即时消肿止痛。敷药所用的绷带固定，不仅能将关节固定于受伤松弛位置，起到限制肢体在适宜范围内活动的作用，还有利于损伤韧带的修复，大大缩短治疗和恢复时间。

3. 肌肉韧带拉伤

肌肉韧带拉伤主要指肌肉、韧带撕裂伤，多发生在主干肌肉和关节部位，是关节周围的韧带、肌肉和关节囊等软组织因为突然用力或受外力过度牵拉而发生的损伤。拉伤是体育运动中最常见的一种损伤，据统计，25%以上的运动损伤是肌肉和韧带的拉伤。

造成拉伤的原因很多，诸如准备活动不充分，肌肉的生理机能尚未达到剧烈运动所需状态就贸然参与；体质较弱或负荷过度，肌肉弹性、伸展性和力量均较差；运用技术不正确，动作不协调，用力过猛，超过了肌肉活动的范围；气温过低，湿度太高，场地太硬等。

确定拉伤后要立刻停止运动，避免进一步加重，并在痛点敷上冰块或冷毛巾，保持30分钟，以使小血管收缩，减少局部充血、水肿，切忌搓揉及热敷。待24小时后，可配合烤电理疗、按摩康复和恢复性锻炼。还可局部外敷中草药后进行加压包扎处理。无论用什么方法治疗，最后都是靠组织的再生和修复功能，所以最好的办法就是注意保护，避免患部二次受伤，增强营养，以促进组织的新陈代谢，加快组织的再生和修复能力。

4. 关节扭伤

关节扭伤是运动和工作生活中经常发生的损伤，最常发生于踝关节、手腕部及下腰部，主要体征为疼痛、肿胀、皮肤青紫、关节活动不灵等。

发生关节扭伤后要立刻停止运动，注意抬高患肢以利静脉血液回流，并对受伤部位进行冷敷处理。当然，不同部位的关节扭伤，其治疗原则也有所区别（如图 6-3-1 所示，为人体主要关节构造），如踝关节扭伤，除冷敷外，48 小时后可进行热敷，此外可用茶水、黄酒或蛋清等把云南白药或七厘散调和成糊状外敷在伤处，然后进行包扎，每日换药 2～3 次，以促使局部血液循环加快、促进瘀血消散以及渗出液的吸收。又如腰部扭伤，由于该部位承上启下的特殊性，伤情极易反复加重，所以静养最重要，此外要改睡硬板床、扎宽腰带、适度推拿按摩等。

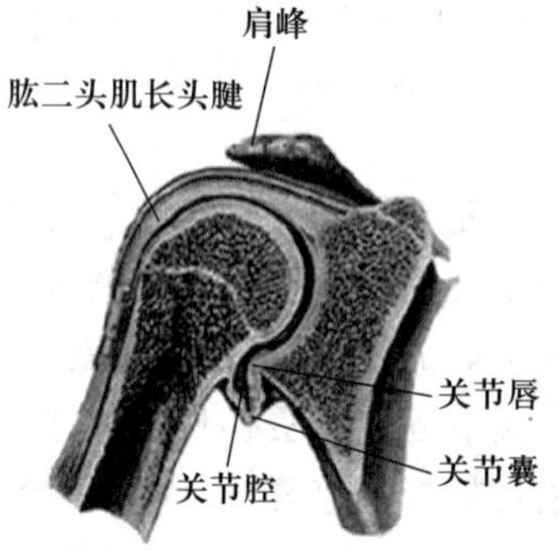

肩关节（冠状切面）

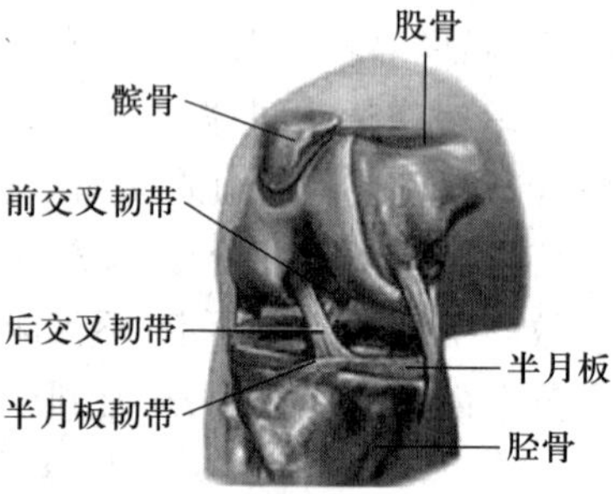

膝关节

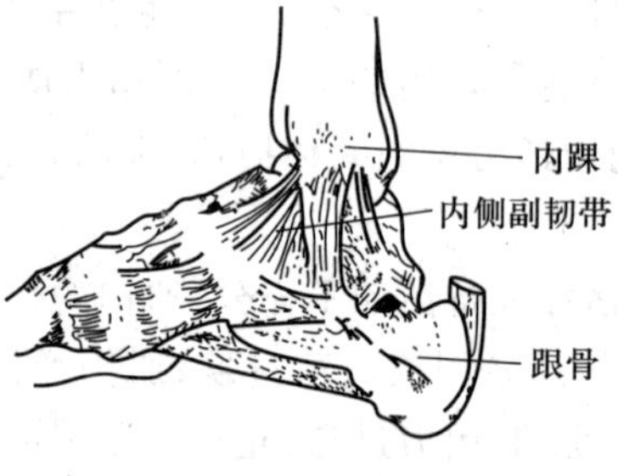

踝关节

图 6-3-1　人体主要关节构造

总之，无论发生哪种关节扭伤，在扭伤的急性期（前 24 小时），患者都不可以让受伤部位随意活动，否则会因软组织得不到充分的修复，而使新鲜伤变成陈旧扭伤。如果疼痛难忍，可服活血止痛药，如云南白药胶囊、散利痛等。

5. 止血

开放性创伤大都会伴随出血,这是来自血管内的压力。成年人出血量超过800~1 000 毫升就会引起休克,危及生命。因此,止血是救死扶伤的一项重要措施,对挽救生命具有特殊的意义。

常见的有动脉出血、静脉出血和微血管出血。动脉血血色鲜红,流速快,血流量大,尤其是四肢大动脉出血,如不及时止住,很快会导致失血性休克,甚至死亡。静脉血血色暗红,速度也较快,出血量逐渐增多,如不及时止血,将逐渐形成失血性休克。微血管出血只是渗血,常可自行凝固止血。

止血的总方针是“加压包扎、抬高患肢”,具体方法主要有:

(1) 小伤口止血法。

只需用清洁水或生理盐水冲洗干净,盖上消毒纱布、棉垫,再用绷带加压缠绕即可。在紧急情况下,任何干净合适的东西都可临时借用做止血包扎,如手帕、毛巾、布条等,先将血止住后再到医院处理伤口。

(2) 静脉出血止血法。

除上述包扎止血方法外,还需压迫伤口止血。用手或其他物体在包扎伤口上方的敷料上施以压力,使血管压扁,血流变慢,血凝块易于形成。这种压力必须持续 5~15 分钟才可奏效。较深的部位如腋下、大腿根部可将纱布填塞进伤口再加压包扎,将受伤部位抬高也有利于静脉出血的止血。

(3) 动脉出血止血法。

① 指压法:只适用于头、面、颈部及四肢的动脉出血急救,注意压迫时间不能过长。此法虽方便及时,但需位置准确。用手指压迫出血部位的上方,如头顶部出血压迫颞浅动脉、上臂出血压迫肱动脉、大腿出血压股动脉等(图 6-3-2)。若经过较长时间指压仍出血不止,就应改用止血带或其他方法进行止血。

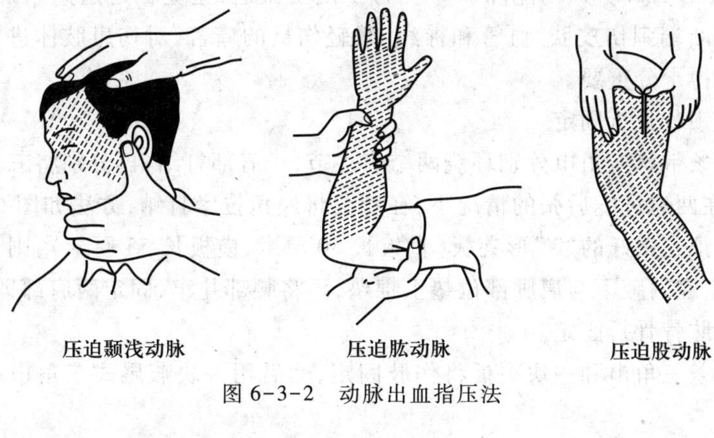

压迫颞浅动脉　　压迫肱动脉　　压迫股动脉

图 6-3-2　动脉出血指压法

② 止血带止血法：这种方法止血最有效，适用于四肢大出血的急救，但容易损伤肢体，影响后期修复。方法是，上止血带前抬高患肢 12 分钟，在出血部位上方 1/3 处，先用毛巾或棉垫包扎皮肤，然后将止血带拉长拉紧缠绕在毛巾等物体外面，松紧适度，最多绕两圈，以出血停止为宜（图 6-3-3）。止血带最好用有弹性的橡胶管，严禁使用铁丝、电线等代做止血带。每隔 45 分钟放松止血带 2～3 分钟，放松时慢慢用指压法代替。再次结扎止血带时，应稍微进行位置移动，减少皮肤的损伤。放松止血带时应注意观察出血情况，如出血不多，可改用其他方法止血，以免压迫血管时间过长，造成肢体坏死。

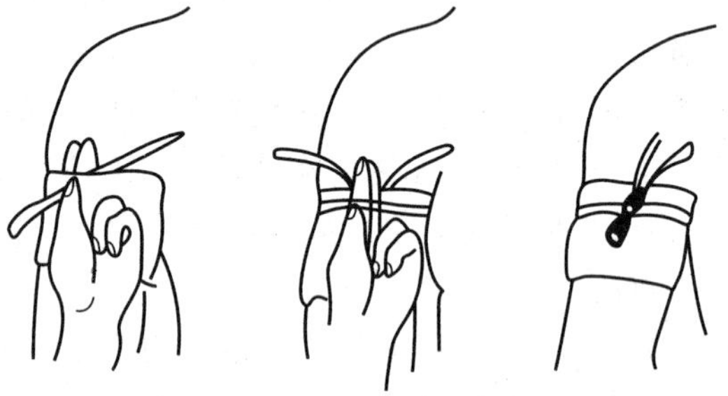

图 6-3-3　止血带止血法

6. 骨折固定

骨折一般分为闭合性骨折和开放性骨折两种类型。骨折处没有皮肤或黏膜破裂，骨折断端与外界不相通称为“闭合性骨折”。骨折处有皮肤或黏膜破裂，与外界相通称为“开放性骨折”。根据骨折的程度，骨质完全断裂称为“完全骨折”，骨质未完全断裂称为“不完全骨折”。

骨折的缘由有很多，但归根结底大都因突发性暴力所至，其症状主要有剧烈疼痛、肿胀、局部畸形、功能障碍等。为了便于搬运，避免在运送途中加重伤情，防止骨折断端刺伤皮肤、血管和神经，减轻伤员的痛苦，对伤患肢体进行必要的固定就显得十分重要。

（1）锁骨骨折固定。

将两条带状三角巾分别环绕两个肩关节，于肩部打结，再分别将三角巾的底角拉紧，在两肩过度后张的情况下，在背部将底角拉紧打结，方法如图 6-3-4 所示。若有预先做好的“T”形夹板（直板长 50 厘米，横板长 55 厘米），则只需将其贴于背后，在两腋下与肩胛部位垫上棉垫，再将腰部扎牢，固定两肩部即可。

（2）肱骨骨折固定。

用两条三角巾和一块夹板将伤肢固定，然后用一块燕尾式三角巾中间悬吊

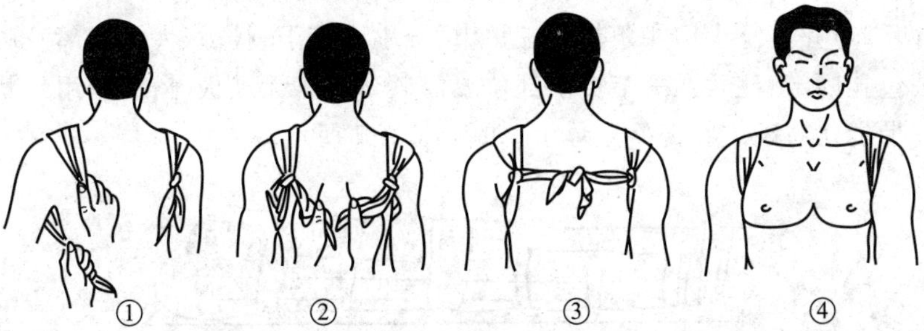

图 6-3-4　锁骨骨折固定

前臂，使两底角向上绕到颈部后打结，最后用一条带状三角巾分别经胸背于健肢腋下打结，方法如图 6-3-5 所示。现场无夹板时，可用三角巾固定，将三角巾折成 10～15 厘米宽的带子，把上臂固定在躯干上，屈肘 90°，再用小悬臂带将前臂悬吊胸前。

图 6-3-5　肱骨骨折固定

（3）臂骨骨折固定。

用一块合适的夹板置于伤肢下面，用两块带状三角巾或绷带把伤肢和夹板固定，再用一块燕尾三角巾悬吊伤肢，最后再用一条带状三角巾的两底边分别绕胸背于健肢腋下打结固定，方法如图 6-3-6 所示。也可利用伤员身穿的上衣来进行固定，将伤臂屈曲贴于胸前，把手放在第三、四颗纽扣间的前衣襟内，再将伤侧衣襟向外翻，反折上提，托起前臂衣襟角系带，拉到健肢肩上，绕到伤肢肩前与上衣的衣襟打结。

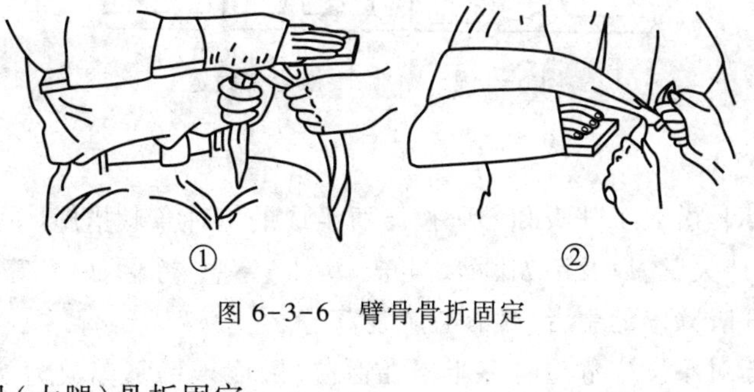

图 6-3-6　臂骨骨折固定

（4）股骨（大腿）骨折固定。

伤员仰卧，伤腿伸直。用两块夹板放于大腿内、外侧。外侧由腋窝到足跟，内侧由腹股沟到足跟(只有一块夹板则放到外侧),将健肢靠向伤肢,使两下肢并列,两脚对齐。至少用 4 条带状三角巾,分别在腋下、腰部、大腿根部及膝部环绕伤肢包扎固定,注意在关节突出部位要放软垫。若无夹板时,可以用带状三角巾或绷带把伤肢固定在健侧肢体上,如图 6-3-7 所示。

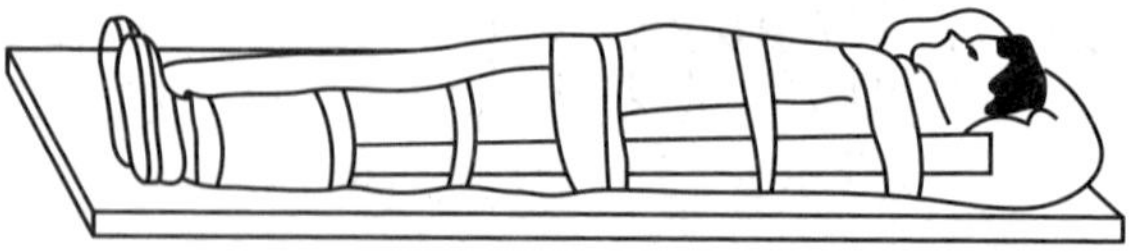

图 6-3-7　股骨(大腿)骨折固定

(5) 脊柱骨折固定。

脊柱骨折后,不能轻易移动伤员,应尽量依照伤员伤后的姿势作固定。

① 颈椎骨折固定:伤员仰卧,在头枕部垫一薄枕,使头部成正中位,头部不要前屈或后仰,再在头的两侧各垫枕头或衣服卷,最后用一条带子通过伤员额部固定头部,限制头部前后左右晃动,方法如图 6-3-8 所示。

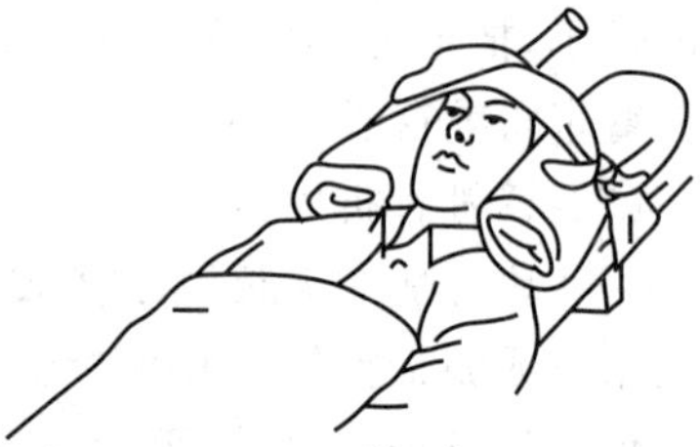

图 6-3-8　颈椎骨折固定

② 胸椎、腰椎骨折固定:使伤员平直仰卧在硬质木板或其他板上,在伤处垫一薄枕,使脊柱稍向上突,然后用几条带子把伤员固定,使伤员不能左右转动,方法如图 6-3-9 所示。

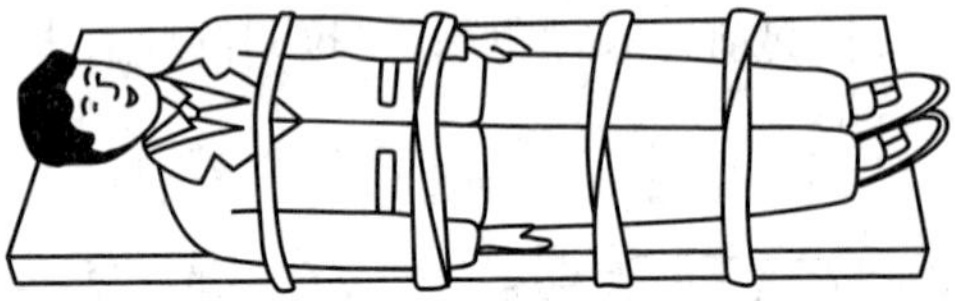

图 6-3-9　胸椎、腰椎骨折固定

7. 心肺复苏

心肺复苏是由人工呼吸和心脏按压所组成的一种急救措施。因急性心肌梗死、突发性心律失常,以及诸如溺水、电击、中毒、窒息、冻僵、麻醉等意外事故,所引起的心跳呼吸骤停的患者,具有心肺复苏意义。

由于复苏对象发生危险时多半不在医院,因而现场复苏成为挽救生命的唯一希望和手段。一般而言,在心跳停止 4 分钟内能实施心肺复苏并在 8 分钟内获得进一步医治者,救愈率可达 45%或更高;超过 6 分钟者,大脑多已发生不可逆转的损害,复苏存活的可能性微小,具体实施过程如图 6-3-10 所示。

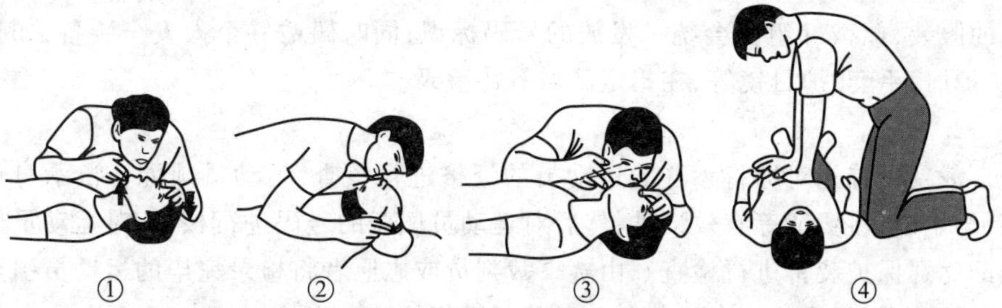

图 6-3-10　心肺复苏

(1) 发现病患,先轻拍试其反应,一边呼喊寻求帮助,一边护住患者头部,使其处于仰卧体位。

(2) 仰头举额,开放气道,清除口内分泌物,同时观察其是否存在呼吸。

(3) 口对口进行人工呼吸。救护者捏闭病人鼻孔,深吸气后对病人口部用力吹入,以约 5 秒/次的速度连吹 2 次,见胸廓起伏为有效。

(4) 病人平卧在硬板上,救护者双臂绷直,两掌重叠,以掌根部压迫病人胸骨下部(剑突以上),按压频率约 60 次/分,连续挤压 15 次。每次按压应使胸骨下陷 3~4 厘米,然后放松(但掌根不应离开胸壁),使胸骨自行复位。

(5) 吹气 2 次、按压 15 次,如此交替进行。

第四节　野战运动裁判法

一、比赛通则

野战运动比赛通常包括人工场地赛、自然场地赛和巷战三大类;比赛项目设置通常包括单人技能、单人定点、双人挑战、团体对抗等项目。从比赛角度看,所有野战竞赛项目都有对抗特性,具备所有竞赛项目的基本要素,因此,制订一套适合野战运动的比赛通则,既是保障赛事公平顺利进行的前提,又是促进野战运动良性发展的基础。熟悉和掌握野战运动的比赛通则,对于从事该项目的运动员或者裁判员尤为重要。

(一) 检录

1. 检录

检录是运动员参赛前必要的报到和资格核查程序,运动员错过或者不经检录将丧失比赛资格。参赛运动员通常需在比赛开始前30分钟，或根据赛事组委会下发的竞赛规程所约定的时间到达指定的活动区域进行热身活动；并穿好指定的服装，佩戴好组委会统一发放的号码标识；同时佩戴好个人安全装备，如护膝、护肘、手套、护目镜等，在指定区域等待检录。

2. 核查

裁判员首先对即将参赛的运动员的资格进行核查，运动员须配合出示身份证、学生证、参赛证等有效证件；然后对运动员佩戴的号码进行核实，对运动员佩戴的比赛保护装备进行检查。由赛事裁判员或志愿者将检录完毕的运动员引至装备校验区，领取比赛专用装备并对装备进行校验和确认。

（二）领取和校验装备

每名运动员检录完毕后将领取一套单兵装备（该装备为赛事组委会指定的专用装备），并立即到装备校验区进行校验。通常校验区设不少于两个校验靶位，给予运动员5分钟时间，对单人激光发射器进行灵敏度和射击精度校验，同时检查数据线连接和无线接收装置是否正常。如果运动员在校验过程中对装备提出异议，可由工作人员给予更换。如非装备本身存在质量或故障问题，原则上每位运动员最多只能更换2次装备。如果运动员领取装备并校验后无异议需签字确认；此后不得在比赛过程中以装备问题为由干扰、中断或影响比赛。

（三）入场前的检查、点名和挑边

1. 检查

运动员在入场前，必须接受裁判员就服装、编号、装备等进行检查。不得携带与比赛无关的物品进场，如手机、钥匙、多余的装饰性物品等。

2. 点名

比赛开始前3分钟，裁判员点名后，将参赛运动员集中。比赛开始前1分钟，裁判员最后一次点名确认，此次点名未到场者按弃权处理。

3. 挑边

正式比赛开始前，双方各派出一人（团体赛通常为队长）到主裁判台前，在主裁判主持下进行挑边，通常以猜拳或猜硬币的方式进行，获胜方有权利优先选择一侧场地。如果比赛为三局两胜制，第一局占左侧场地，第二局换至右侧场地，第三局再次回到左侧场地。至于决胜局（第三局），比赛中双方是否交换场地由竞赛组委会根据情况决定，并在赛前公布。

（四）比赛注意事项

（1）预备时刻，双方在各自端线外集中，背对赛场站立，将激光发射器准星对地，听到主裁判“各就位，开始”口令或哨音后再转身进入比赛场地。

（2）禁止携带和使用非组委会提供的任何辅助瞄准系统，包括各种瞄准器具、红外线指示器、战术手电等。

(3) 禁止携带和使用非组委会提供的任何通信工具,包括对讲机、手机、PDA 等。

(4) 不得以任何理由和方式改变场内掩体的形状和位置。

(5) 不得以动作和语言对他人进行人身攻击,禁止双方肢体接触,以免受伤。

(6) 禁止任何遮挡目标接收点和插拔无线收发模块连线的行为。

(7) 禁止任何变相遮挡目标接收点的行为,如故意歪戴头盔、斜穿马甲等。

(8) 禁止摘除或变相摘除本方识别标志的行为,严禁冒用对方标志的行为。

(9) 如生命值耗尽,须立刻摘下头盔,将激光发射器准星对地,迅速就近离场并背对场地站立。

(10) 如弹夹耗尽,生命值尚存,队员不许自行摘下头盔退场,摘下视为生命值耗尽。

(11) 已经退场或正在退场的生命值耗尽队员,不得以任何方式向场内队友通报对方的作战情况,包括语言、手势、眼神等。

(12) 如遇强电子信号干扰到比赛的正常进行,本着公平竞赛原则,主裁判有权利暂时终止比赛或比赛重新开始,或比赛另行安排,对此不得有抵触行为。

(13) 教练员可以在赛前和局间休息时对运动员进行技战术指导,但在比赛过程中禁止指导,更不能以任何方式向本方队员透漏对方的作战信息。

(14) 听到主裁判比赛结束的口令后,双方运动员需到主裁台前集合,待主裁判宣布比赛结果后,由双方队长在比赛记录单上签字确认,之后列队跑步离场。

(15) 比赛结束后,运动员需迅速到装备区退还装备。

二、比赛判罚

野战运动比赛的判罚根据犯规性质的轻重依次分为警告、记违例、罚下、判负、停赛和取消比赛资格。

(一) 警告

比赛中有犯规或干扰比赛的言行,但性质轻微的,由裁判员当场给予口头警告,并记录。有下列情形的给予警告处罚:

(1) 预备入场或生命值耗尽出场时,激光发射器准星未对地。

(2) 生命值耗尽准备离场或正在离场时,或已经离场后与场内队员交流。

(3) 比赛中不慎瞬间迈出边线或端线,但尚未越过隔离带。

(4) 比赛中的队员与场外人员交流。

(5) 严重消极比赛。

（6）比赛期间，教练员在场边指导。

（7）在赛场周边乱扔杂物或吸烟。

（8）裁判员认为应当给予警告处罚的其他情形。

（二）违例

明显有违例犯规或干扰比赛的言行，但尚不影响比赛正常进行的，记违例一次，并记录，同时当场郑重宣布。有下列情形给予记违例处罚：

（1）预备入场或生命值耗尽出场时，激光发射器准星瞄准人。

（2）生命值耗尽准备离场或正在离场时，或已经离场后，仍向场内队友通报对方作战信息。

（3）比赛中不慎瞬间迈出隔离带。

（4）比赛中不慎改变或移动掩体位置。

（5）比赛中不慎致头盔歪戴或马甲斜穿。

（6）比赛中不慎瞬间遮挡目标接收点。

（7）生命值耗尽，退场时忘记摘下头盔。

（8）教练员在比赛期间向本方队员透漏对方作战信息。

（9）同局比赛中第二次警告。

（10）裁判员认为应当给予违例处罚的其他情形。

（三）罚下

运动员严重犯规或者干扰比赛，应当将其罚下，相当于受罚队员该局生命值为零。罚下后，若该局该方已无运动员在场，则该局胜负立判；罚下仅指一局而言，被罚下的运动员可参加该轮次其他局的比赛。下列情形给予罚下处罚：

（1）第二次抢跑。

（2）故意歪戴头盔或斜穿马甲。

（3）比赛中迈出隔离带或长时间越过边线、端线。

（4）比赛中移动掩体位置或改变掩体形状。

（5）主动与对方发生身体接触。

（6）生命值尚存却擅自离场或摘下头盔。

（7）对裁判员的判罚有不满言行。

（8）主裁判认为应给予罚下的其他言行。

（四）判负

野战运动竞赛判负有两种情况：一是，判局负，二是，在三局两胜制比赛中判场负。

1. 判局负

下列情形应给予判局负处罚：

(1) 故意遮挡目标接收点。

(2) 比赛中插拔无线收发模块连线。

(3) 比赛中故意移动掩体。

(4) 生命值耗尽却不摘头盔也不离场。

(5) 生命值耗尽者去拔中心旗。

(6) 故意摘除本方识别标志。

(7) 同局比赛中,个人或团队累计有 3 次违例。

(8) 主裁判认为应给予判局负处罚的其他情形。

2. 判场负

下列情形应给予判场负处罚:

(1) 冒名顶替参赛。

(2) 比赛中冒用对方识别标志。

(3) 使用非组委会提供的辅助瞄准系统或通信工具。

(4) 挑起肢体冲突。

(5) 同场比赛中个人或团队累计 5 次违例。

(6) 主裁判认为应给予判场负处罚的其他情形。

(五) 停赛

有故意犯规、性质恶劣的,因谩骂、动作粗野致使比赛中断的,由裁判长宣布取消比赛资格,并通报停赛处罚。下列情形应给予停赛处罚:

(1) 有证据表明在比赛前与对手达成互利约定或打假赛。

(2) 携带红外线控制器、无线控制器(如大、小遥控器)干扰正常比赛。

(3) 蓄意损坏比赛器材与设施。

(4) 拒不执行裁判员判罚,致使比赛无法继续进行。

(5) 谩骂、殴打或胁迫他人,态度恶劣。

(6) 裁判长认为应给予停赛处罚的其他情形。

三、申诉权与解释权

(一) 申诉的提出

(1) 运动员及其教练员对裁判员在比赛中所做的任何裁决,都享有提出申诉的权利。

(2) 对裁判员的判决及其相关事宜的申诉,需在该轮比赛结束后 30 分钟的有效时间内向仲裁提出。

(3) 申诉需以书面形式提出,经教练员签字形成正式申诉材料。

(4) 申诉材料由裁判长呈报仲裁委员会,未设仲裁委员会的,呈报赛事组委会。

（二）申诉的处理

（1）凡是涉及比赛规则或比赛规定一类的申诉，由裁判长负责听取并裁决。如对裁判长的裁决不服，可向仲裁委员会上诉。

（2）凡非直接涉及比赛规则或比赛规定的所有其他申诉，由赛事组委会负责处理。

（3）仲裁委员会可行使仲裁权利对裁判长的裁决进行复议，但不能否决裁判长根据规则或竞赛规程、补充规定以及为维持赛场纪律所做的判罚。

（4）对申诉的处理不得违背国家体育总局颁布的《体育竞赛仲裁条例》。

（三）解释权

野战运动比赛通则解释权属国家体育总局社会体育指导中心，如根据赛事需要而临时增加的补充规定或其他临时性规定，解释权属赛事组委会。

第五节　野战运动竞赛流程

一、竞赛前期工作

（一）组委会比赛前期准备

（1）通知和竞赛规程的印发。

（2）运动队报名信息的收集。

（3）秩序册的编写和制作。

（4）比赛相关组证件、号码布的制作。

（5）野战运动比赛场地及资料的准备。

（6）比赛场地布置，开闭幕式场地布置。

（7）参加开幕式和闭幕式的嘉宾邀请。

（8）裁判员、运动员的接站送站调配。

（9）裁判员、运动员食宿的安排。

（10）证书的书写和奖杯、奖牌的确定。

（11）比赛结束费用的结算。

（二）检录区前期准备

（1）透明胶条 2 卷。

（2）别针 1 盒。

（3）桌子 2 张，椅子 2 把。

(4) 警戒线 100 米。

(5) 检录区标识板 1 块。

(6) 话筒 1 个,对讲机 1 台。

(7) 检录表若干。

(三) 成绩统计区前期准备

(1) 透明胶条 2 卷。

(2) 黑色签字笔 1 盒。

(3) 桌子 2 张,椅子 2 把。

(4) 电脑、打印机 1 台,打印纸若干。

(5) 成绩统计区标识板 1 块,成绩公布区标识板 1 块。

(6) 对讲机 1 台。

(四) 单人定点赛前期准备

(1) 地图的绘制。

(2) 地图路线的完成(成年组和学生组路线分别设计,场地设置警察头像假人 2 个,土匪头像假人 8 个)。

(3) 场地规格:长 30 米、宽 20 米。

(4) 比赛器材:激光发射器若干(根据比赛人数),起倒靶 10 个。

(5) 计时设备:点签器(清除、起点、终点、主站),便携式打印机各 1 个。指卡若干。

(6) 单人定点赛标识板 1 块,起点标识板 1 块,终点标识板 1 块。

(7) 记录台桌子 1 张,起点桌子 1 张,终点桌子 1 张,椅子 3 把。

(8) 对讲机 5 台,记录仪 3 部。

(五) 双人挑战赛前期准备

比赛器材:激光发射器、激光飞碟若干(根据比赛人数)。

(1) 匍匐网:宽 4 米、长 6 米、高 0.6 米。

(2) 绕行锥筒:高 0.66 米、底座 0.28×0.28 米。

(3) 障碍墙:社会组、学生组高 1.2 米,青少年组 0.9 米。

(4) 场地外围警戒线布置,需 100 米,摆放 20 个锥筒。

(5) 场地规格:长 50 米、宽 4 米。

(6) 计时设备:起点、终点、清除、主站、打印机各 1 个。指卡若干。

(7) 双人挑战赛标识板 1 块,起点 1 块,终点 1 块。

(8) 记录台桌子 1 张,起点桌子 1 张,终点桌子 1 张,射击区桌子 1 张,椅子 3 把。

(9) 对讲机 3 台,记录仪 3 部。

（六）五人对抗赛前期准备

（1）装备校验区的选放，需桌子 4 张。

（2）场地规格：长 50 米、宽 30 米。

（3）终点控制器的禁区线布置，中心的控制器禁区线的布置。

（4）五人对抗赛的标识板 1 块，出口、入口标识板各 1 块，枪械校验区标识板 1 块。

（5）场地外围警戒线的布置。

（6）记录台桌子 1 张，椅子 1 把。

（7）场地的布置。

（8）对讲机 6 台，记录仪 3 部。

（七）竞赛标识

1. 野战运动参赛运动员袖标（图 6-5-1）

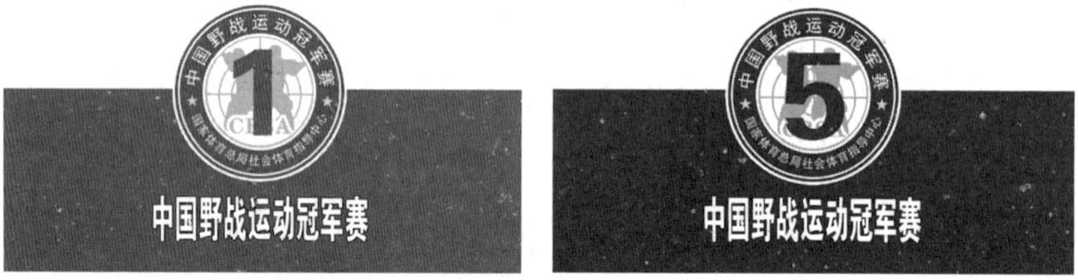

参赛运动员红方袖标1-5号　　参赛运动员蓝方袖标1-5号

图 6-5-1　野战运动参赛运动员袖标

2. 野战运动参赛运动员头盔标识（图 6-5-2）

红方运动员头盔标识1-5号

蓝方运动员头盔标识1-5号

图 6-5-2　野战运动参赛运动员头盔标识

3. 野战运动比赛器材放置标识(图 6-5-3)

红方比赛器材1-5号按号放置

蓝方比赛器材1-5号按号放置

图 6-5-3　野战运动比赛器材放置标识

4. 野战运动比赛抽签卡(图 6-5-4)

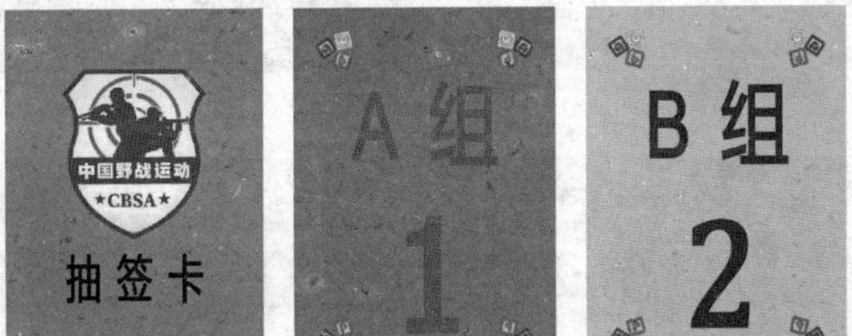

图 6-5-4　野战运动比赛抽签卡

5. 野战运动比赛分区标识(图 6-5-5)

11

12

13

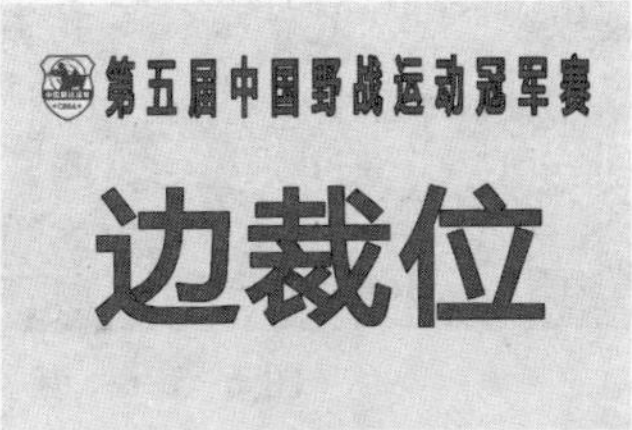

14

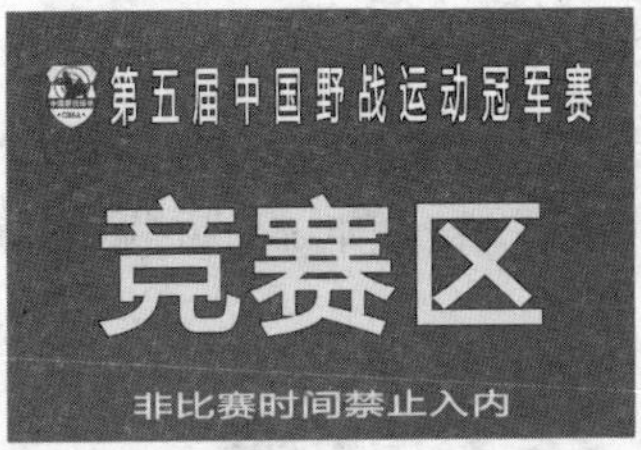

15

16

17

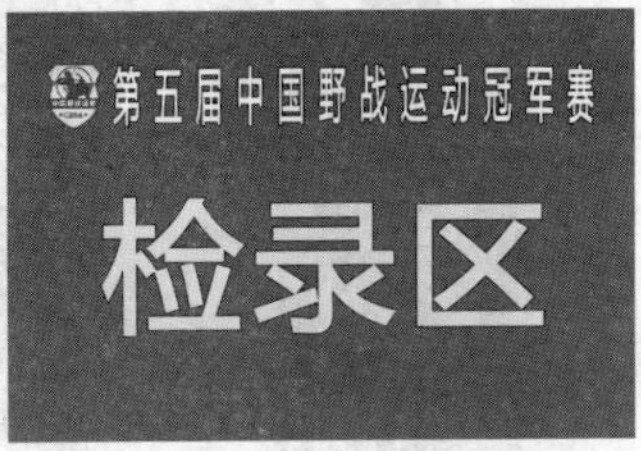

18

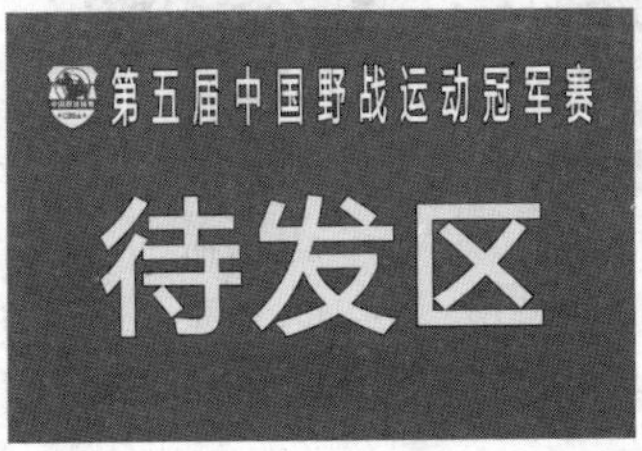

19

20

图 6-5-5　野战运动比赛分区标识

二、竞赛临场执裁旗语

（一）裁判员执裁用裁判旗（图 6-5-6）

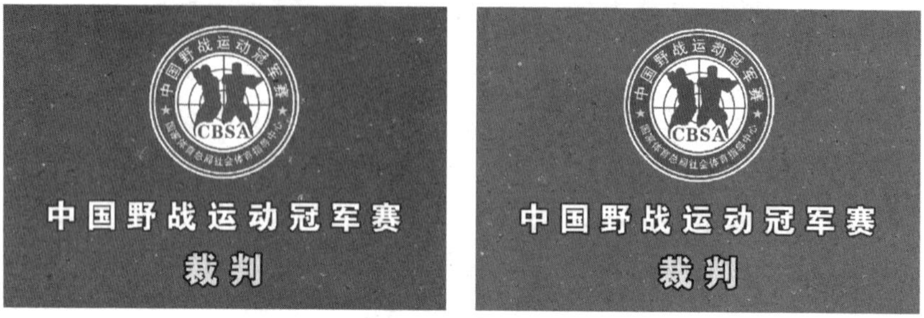

图 6-5-6　裁判员执裁用裁判旗

（二）裁判员临场执裁旗语

1. 基本姿势

主裁判员两脚跟并拢，两脚尖分开呈 60°，身体直立。右手执红旗，左手执蓝旗，双手自然下垂，食指压于裁判旗杆，贴于裤线，收腹、挺胸、抬头，目视前方（图 6-5-7）。

正面　　侧后面　　背面

图 6-5-7　基本姿势

2. 双方队员中间集合

主裁判员双手从基本姿势向前平举，与身体呈 45°夹角，双手平行，右手执红旗，左手执蓝旗。保持动作 3 秒之后，双手自然下垂回到基本姿势（图 6-5-8）。

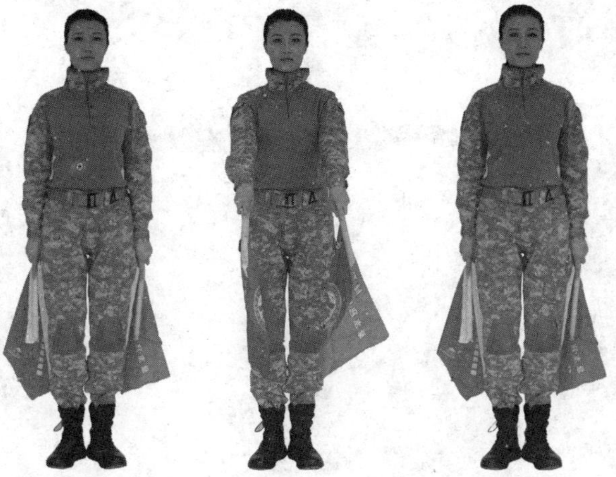

① ② ③

图 6-5-8 双方队员中间集合

3. 双方队员友好握手

主裁判员双手从基本姿势向前平举，与身体呈 90°夹角，双手平行，右手执红旗在前，左手执蓝旗在后。两手手腕同时向内旋转 90°，保持动作 3 秒之后，双手自然下垂回到基本姿势（图 6-5-9）。

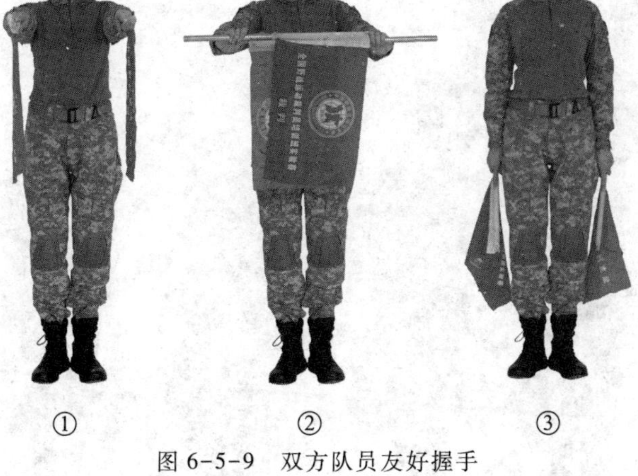

① ② ③

图 6-5-9 双方队员友好握手

4. 双方队员进入指定场地

主裁判员双手从基本姿势向左右平举，双手呈 135°夹角，双手与地面平行，旗头分别指向双方出发点位置。保持动作 3 秒之后，双手自然下垂回到基本姿势（图 6-5-10）。

①　②　③

图 6-5-10　双方队员进入指定场地

5. 各就位

主裁判员以基本姿势站立，左右环视两边裁判员（边裁），两边边裁举旗，主裁判员右手执红旗，经体前上举，右手手臂贴于耳侧，缓慢而有力地喊出："各就位，开始！"同时右手经体前迅速下落回到基本姿势（图 6-5-11）。

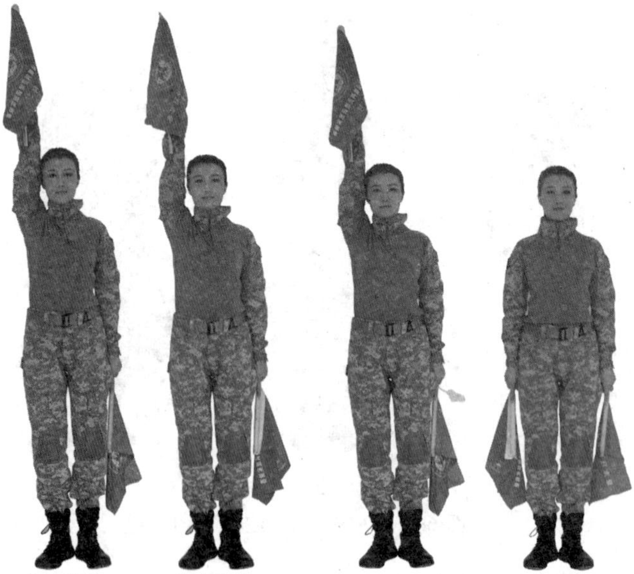

红方边裁　蓝方边裁

①　②　③

图 6-5-11　各就位

6. 双方队员交换场地

主裁判员双手从基本姿势向前平举,与身体呈 45°夹角。双手经体前交叉,右手执红旗在前,之后双手左右打开,旗头分别指向双方出发点位置。保持动作3 秒之后,双手自然下垂回到基本姿势(图 6-5-12)。

图 6-5-12　双方队员交换场地

7. 本局宣读成绩

主裁判员右手从基本姿势经体前上举旗子,旗色与获胜方颜色一致,大声宣读:“本局比赛××方获胜”“双方交换场地”。保持动作 3 秒之后,双手自然下垂回到基本姿势(图 6-5-13)。

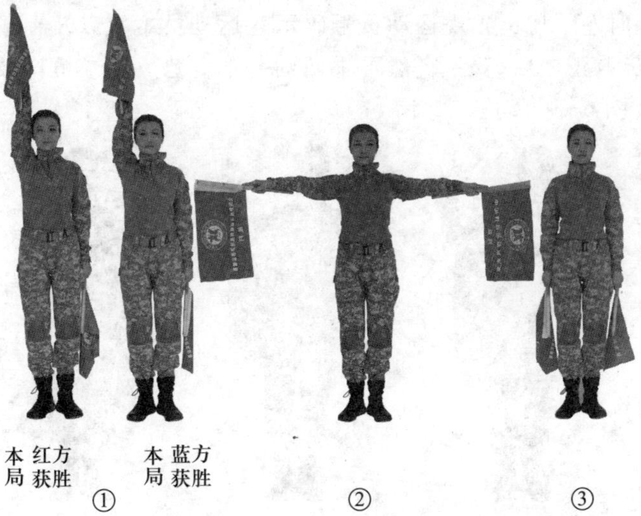

图 6-5-13　本局宣读成绩

8. 本场宣读成绩

主裁判员右手从基本姿势经体前上举旗子,旗色与获胜方颜色一致,大声宣读："本局比赛××方获胜"，旗放下。最后宣读："本场比赛××方获胜"，边裁同步举相应旗子，保持 3 秒之后，双手自然下垂回到基本姿势。

主裁判员此时宣布："队长签字，队员撤离场地"（图 6-5-14）。

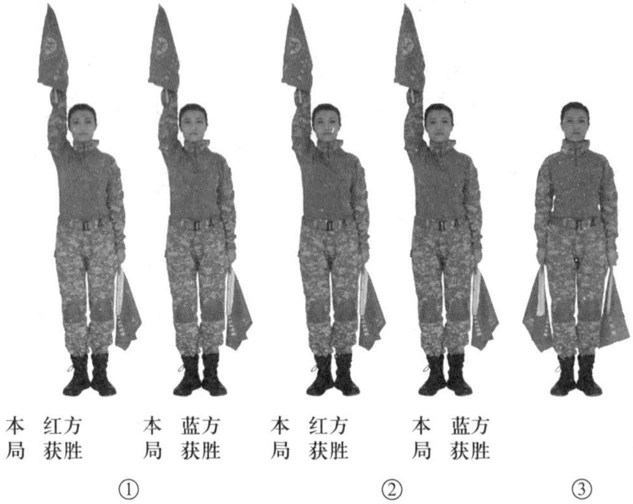

图 6-5-14　本场宣读成绩

9. 警告

主裁判员右手执犯规运动员相应颜色的裁判旗从基本姿势直接指向犯规运动员本人，同时左手比出犯规运动员号码示意运动员本人以及在场裁判员。直到犯规运动员改正之后，双手自然下垂回到基本姿势。记录员记录犯规运动员的相关信息（图 6-5-15）。

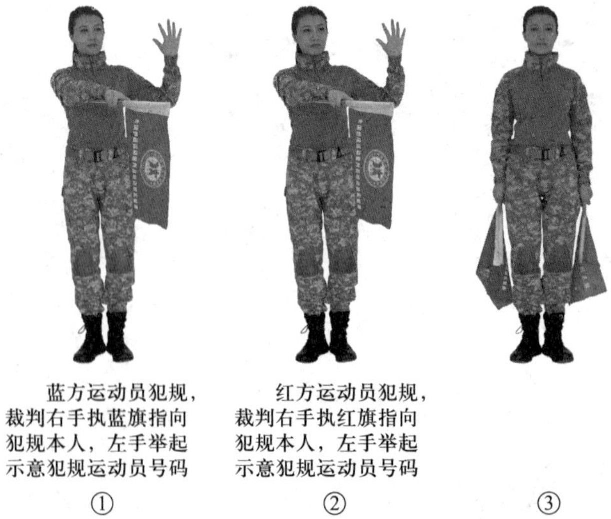

图 6-5-15　警告

10. 违例(违规)

主裁判员右手执违例运动员相应颜色裁判旗从基本姿势直接指向违例运动员,同时左手比出违例运动员号码示意运动员本人以及在场裁判员。直到违例运动员改正之后,双手自然下垂回到基本姿势。记录员记录犯规运动员的相关信息(图 6-5-16)。

图 6-5-16　违例

11. 双方队员禁止肉搏

主裁判员双手从基本姿势向前平举与身体呈 45°夹角。裁判旗指向要相遇的运动员,双手平行向外左右摆动 15°,同时喊出:“双方队员禁止肉搏”。保持动作直至双方分开,之后双手自然下垂回到基本姿势(图 6-5-17)。

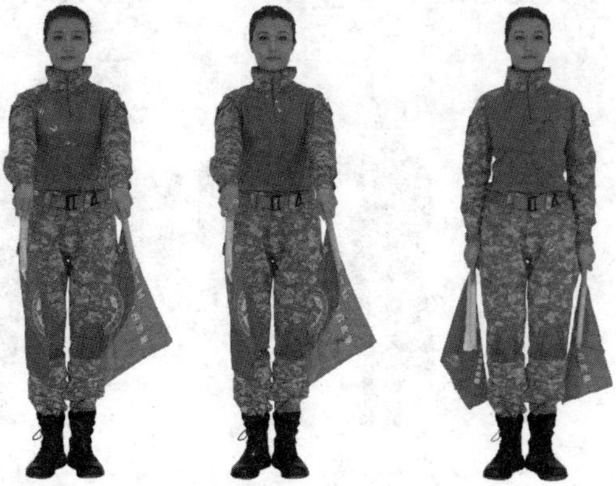

图 6-5-17　双方队员禁止肉搏

12. 赛前暂停

边裁举旗示意准备完毕，但因装备需要紧急调整时，边裁右手从上举姿势向右侧平举，与身体呈 90°夹角，示意主裁判员我方有问题。主裁判员看到同时做暂停动作，等待处理好问题之后继续比赛（图 6-5-18）。

战斗开始前，因装备需要紧急调整，红方边裁做出此动作，主裁判做暂停动作。

①　②　③

图 6-5-18　赛前暂停

13. 战斗暂停

战斗过程中因无法再继续比赛或不可抗力等原因需要终止比赛时，主裁判员举旗示意，从基本姿势向右侧平举红旗，与身体呈 90°夹角，同时喊出："战斗暂停，所有队员原地不动"，边裁同时与主裁判员动作、语言一致（图 6-5-19）。

主裁判　蓝方边裁　红方边裁

①　②　③

图 6-5-19　战斗暂停

14. 裁判确认

主裁判员从基本姿势伸右手执红旗向上举贴于耳侧，左手执蓝旗向左平举，与身体呈 90°夹角，同时喊出："裁判确认"。所有裁判员面向主裁判员，按顺序右手举蓝旗，同时喊出："起点准备完毕""1 号点……10 号点、终点准备完毕"。所有裁判员确认之后落旗(图 6-5-20)。

图 6-5-20 裁判确认

15. 成绩确认

主裁判员从基本姿势伸右手执红旗向体前平举，与身体呈 90°夹角。左手执蓝旗向体侧平举，与身体呈 90°夹角，同时喊出："成绩确认"。所有裁判员面向主裁判员，按顺序右手举蓝旗，同时喊出："起点有效""1 号点……××号点、终点有效"。边裁举红旗表示违例或者无效，确认后落旗(图 6-5-21)。

16. 平整场地

主裁判员从基本姿势伸右手执红旗向前平举，与身体呈 90°夹角，右手以此为中心线向左右 45°平行于地面往返摆动 3 次，同时喊出："平整场地"。动作完成后，右手自然下垂保持基本姿势(图 6-5-22)。

主裁判 ①　　有效 ②　　无效或违例 ③

图 6-5-21　成绩确认

右手为中心线 ①　　向左45° 摆动 ②　　向右45° 摆动 ③

图 6-5-22　平整场地

三、野战运动竞赛场地示例(图 6-5-23~图 6-5-27)

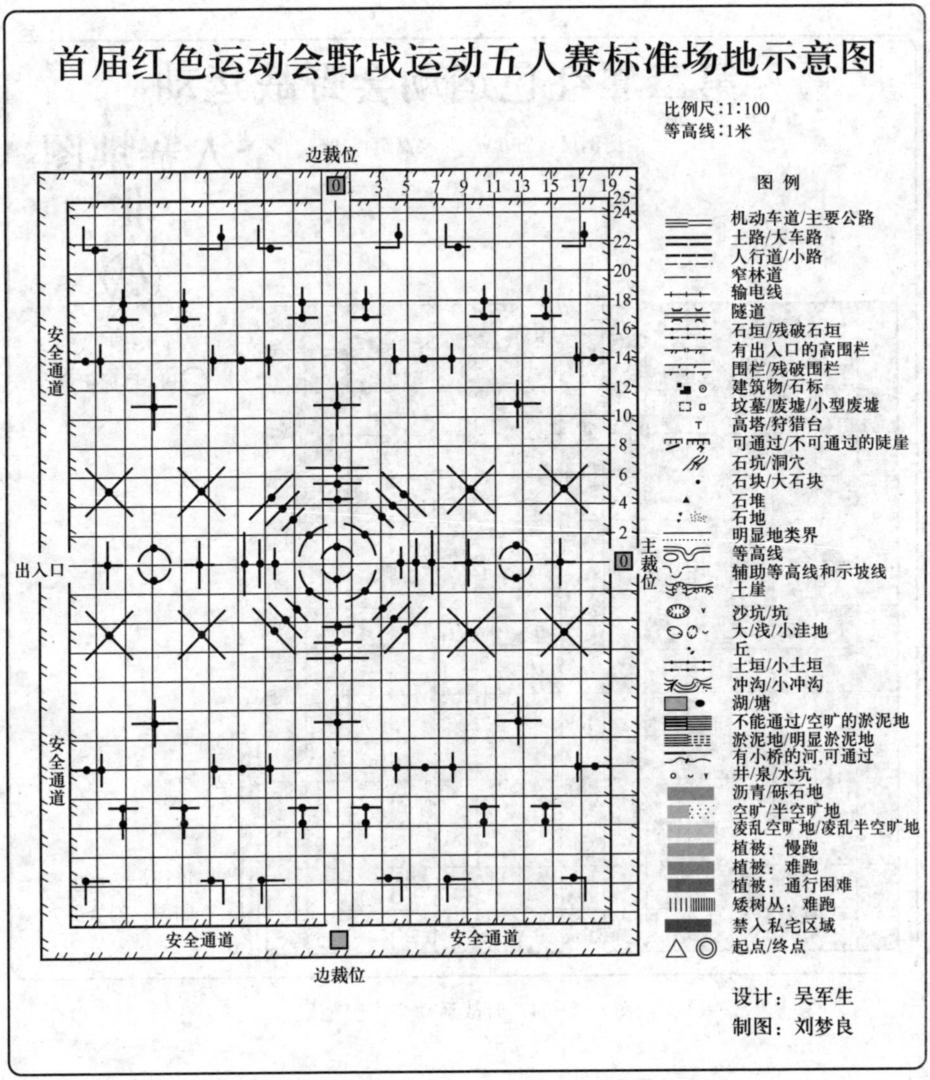

图 6-5-23　首届红色运动会野战五人赛标准场地示意图

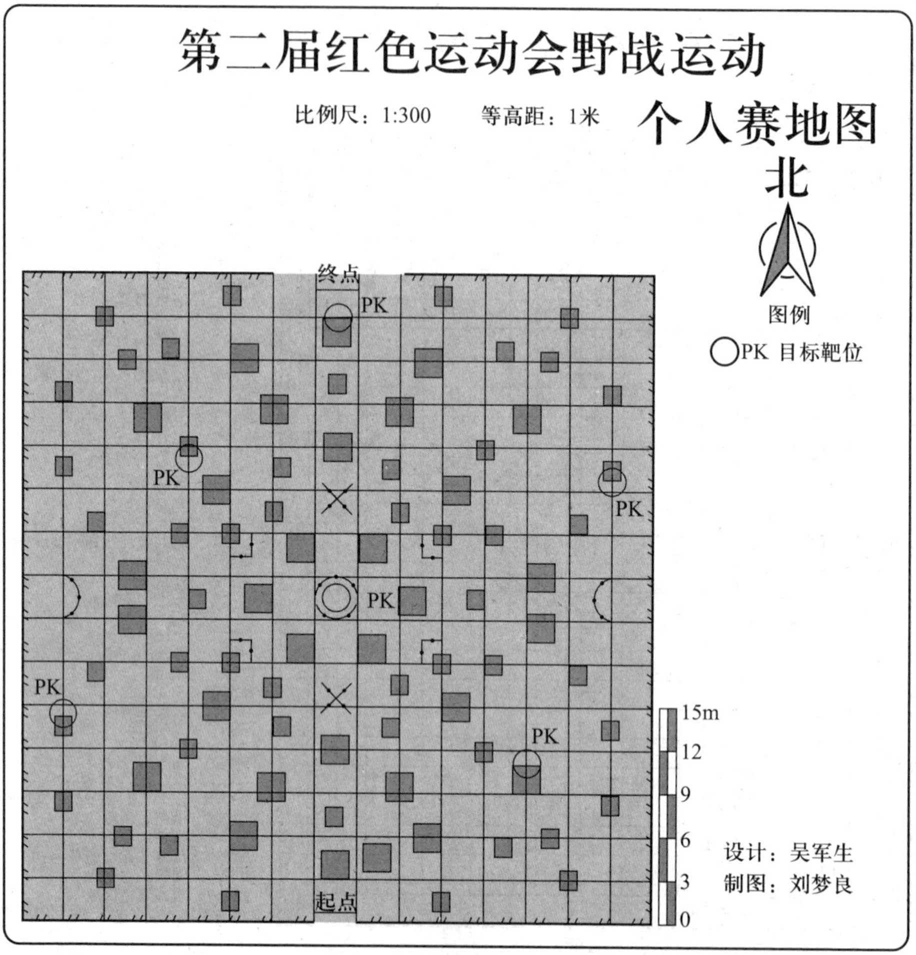

图 6-5-24　野战运动个人赛地图

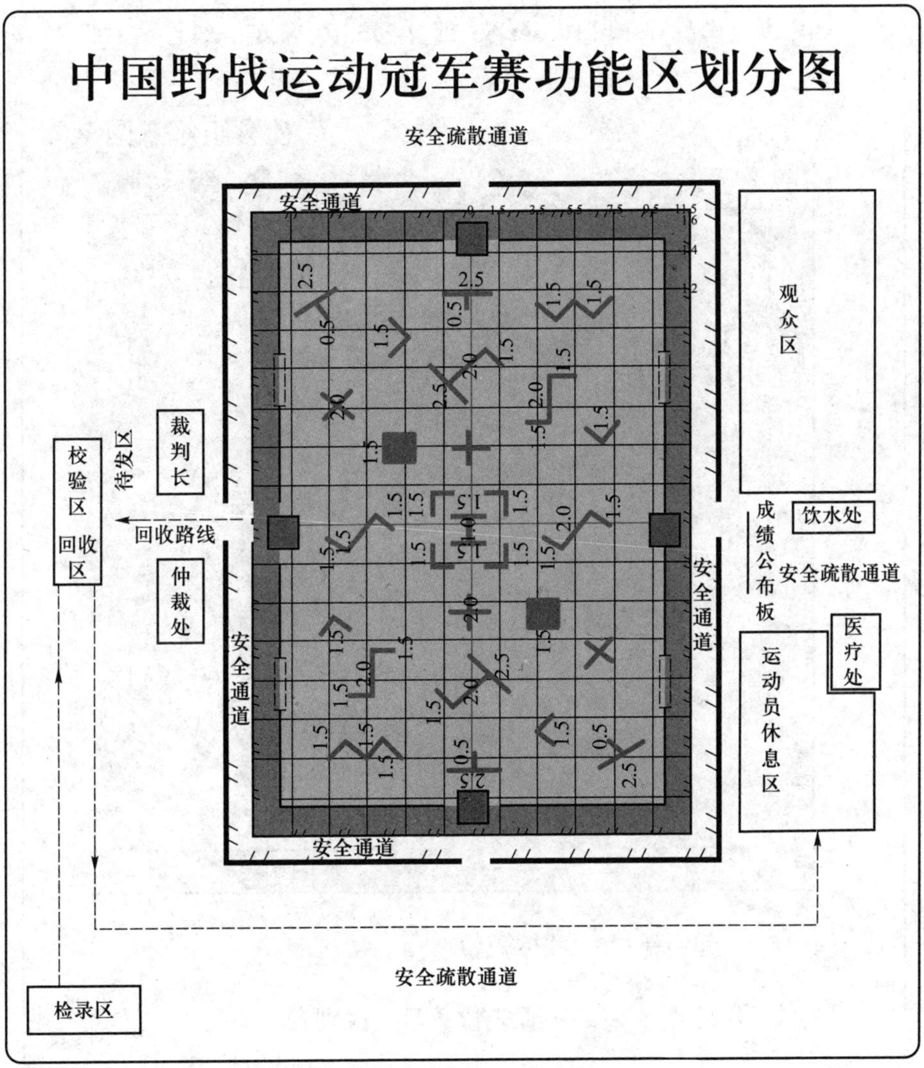

图 6-5-25　野战运动冠军赛功能区划分图

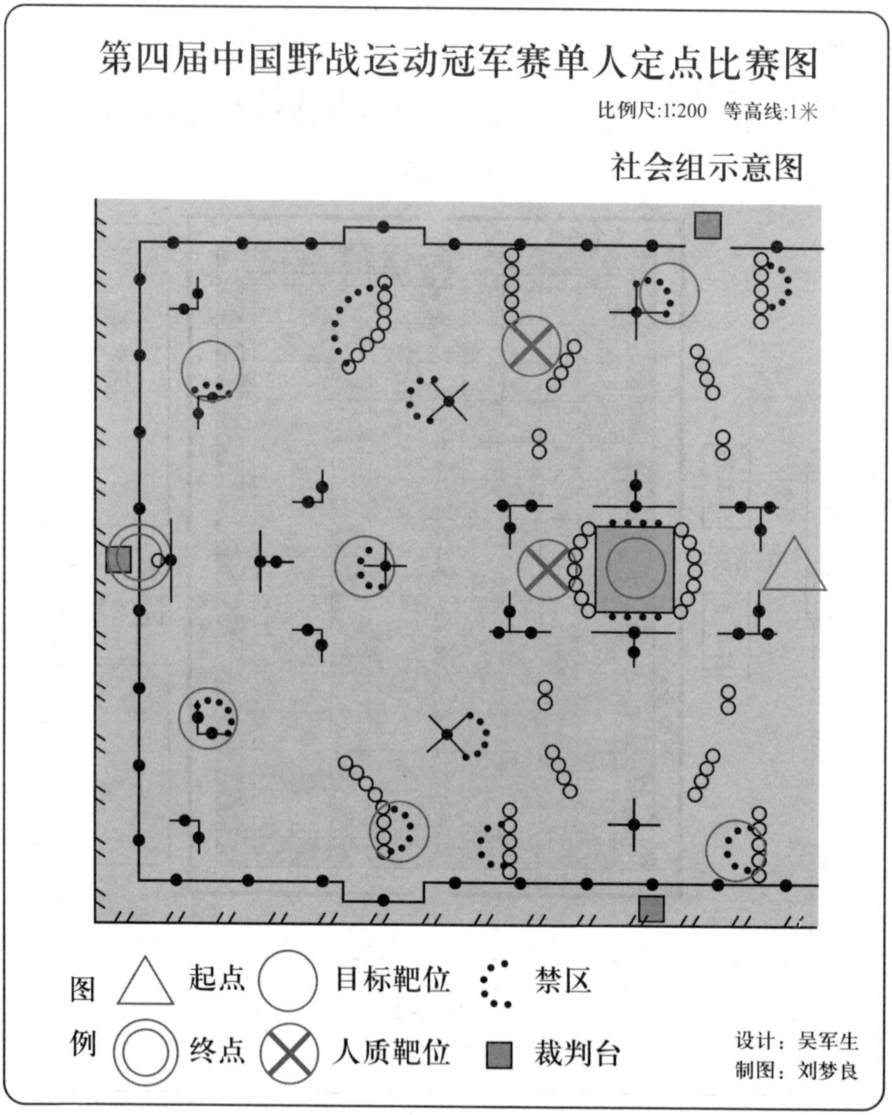

图 6-5-26　野战运动冠军赛单人定点比赛图

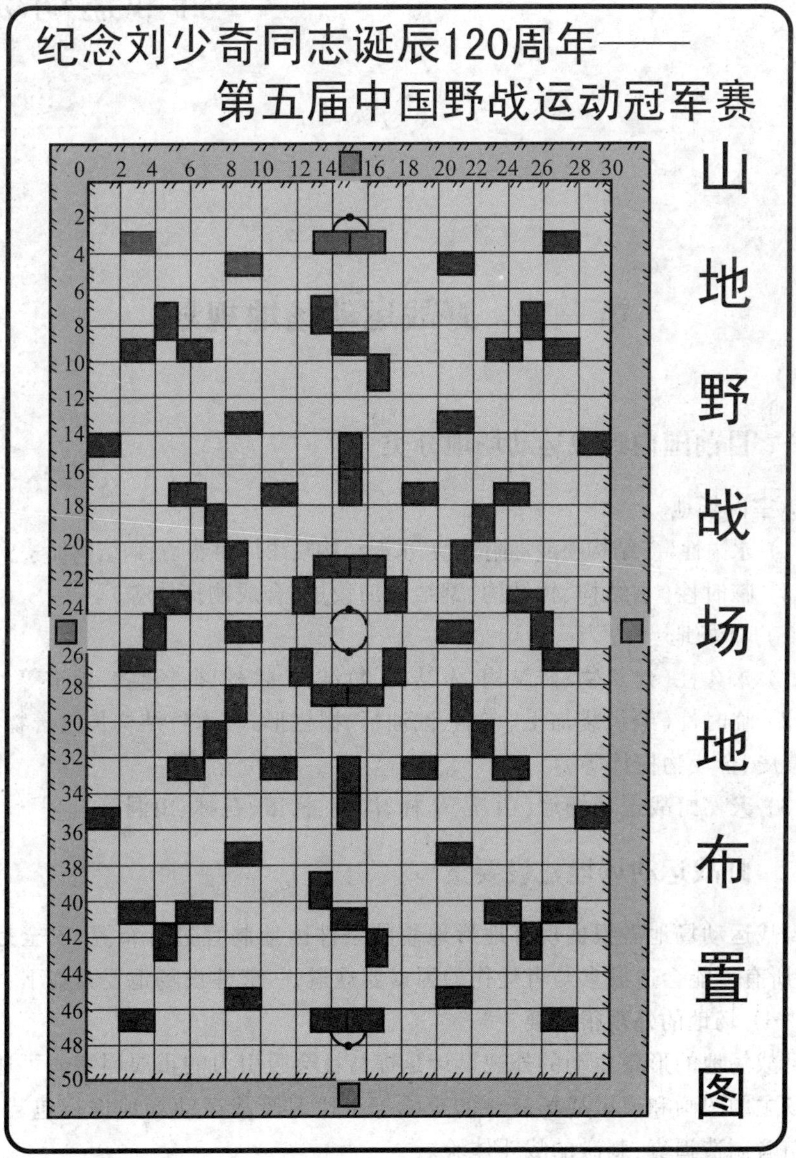

图 6-5-27 山地野战场地布置图

第七章
野战运动场地

第一节　野战运动场地规划

一、目前国内野战运动场地分类

1. 室内场地

(1) 永久性(砖结构喷漆加附着物、水泥结构喷漆加附着物、钢结构加蒙皮等)。

(2) 临时性(木结构、竹结构、钢结构加蒙皮、合成物掩体等)。

2. 户外场地

(1) 永久性(建筑物、砖结构、木结构、竹结构、铁丝网搭建物、地道等)。

(2) 临时性(编织袋加土、车辆、汽油桶、栅栏形式,木竹结构加附着物、钢结构加蒙皮、合成物掩体等)。

(3) 天然野战运动场地(山丘、丛林、沟壑、梯田、石林、山洞等)。

二、野战运动场地建设要素

野战运动场地需根据现有地形地貌的条件因地制宜进行布置,安全是第一要素,所有可能会造成参与者受伤的因素要规避,一般建设场地要素如下:

(一) 场地的外观很重要

野战场地的形象生动的外观设计是提高社会吸引力的重要因素。可通过悬挂战场主题图画和模拟战场战斗的声响等手段对野战运动场地进行包装升级,为参与者制造逼真、刺激的战斗体验。

(二) 根据战役玩法来设计场地

室内外场地的经典玩法有:对攻战(遭遇战)、攻防战(攻坚战)、夺旗战,巷战、任务赛、解救(护送)人质、拆弹、地雷战等。

（三）根据比赛规模来设计场地

室外场地一般会设置在开阔平坦、干扰物较少的场地，按照比赛项目要求同时布置1~2块场地。考虑天气等不确定因素，赛事组织方会在室内布置1块备用应急场地。场地布置要求高，按照图纸作业，误差不允许超过10厘米。

按照比赛要求，比赛场地会利用各种材料对现有场地进行大规模规划和改造。此类场地适合在学校、部队、警察训练基地、民兵训练基地、国防教育基地等地方开展。可以根据比赛要求设计场地，使比赛的针对性更加突出，满足使用者的各种比赛要求，一般此种场地都以对抗赛为主。

（四）根据地形来设计场地

场地布置要因地制宜，利用地势高低及现有的障碍物调整攻守掩体的多少和形式，做到美观、实用、安全等。

例如：地形为高低走势时，正常情况下占领高地的一方为守方，低地的一方为攻方。

（五）掩体的形式与成本考虑

场地掩体的形式有很多种，根据要求综合考虑，美观是很重要的。建设场地成本比较高的是砖墙掩体，材料贵、建设工作量大、工期长；便宜的是沙袋类，成本低、工作量少、工程短，很快能建设完成。但是沙袋一般几个月就需要更换，风吹日晒容易破损。

三、野战运动场地建设注意事项

（1）保证参与者容量。设计战场隐蔽物及掩体能够保证所有装备同时进行野战运动。

（2）就地取材。根据场地现有条件充当隐蔽物，环保绿色，减少场地投入，降低成本。

（3）便于更换。参与者长时间在一种固定场地中运动，会产生疲劳，经常变换野战运动的内容，并增加运动的种类，会增加参与者的新鲜感。

（4）根据任务需要，设计固定的个别掩体或隐蔽物。

（5）户外要求林地的起伏不要太大，起伏最好不超过15°，否则会造成活动人员体力消耗过大，而且起伏过大易造成人员滑倒或摔伤等事故发生。场地设计应该平缓，掩体应高低搭配，错落有致，掩体间隔距离5~7米为佳。掩体高度要在1.8米左右（参加对象为青少年时，掩体高度为1.5~1.8米），以方便人员活动，场地设置的隐蔽物应稳定牢固。

（6）户外场地应有必要的遮阴物，如树林、迷彩网等，南方城市尤为重要，可以起到防晒的作用。

(7) 如建筑一些野战工事,应考虑当地的自然情况,要具备完备的排水系统。应减少向地面以下发展掩体,要将建设重点放置在地面之上。

(8) 室内场地应增设更衣室与淋浴间,以便为参与者提供更优质的服务。

(9) 野战运动场地设计时要设置服务台,以供存放设备并方便活动人员领取装备、存放衣物及个人物品。

(10) 野战运动场地装修风格设计。通过军事题材的材料选择及主要颜色确定野战运动场地的风格。内部装饰,利用壁画、喷绘、视频演示等营造战斗气氛,并设置教官介绍栏、优秀队伍榜、野战运动知识栏、会员信息栏、注意事项等。

四、野战运动场地安全注意事项

(1) 在高低落差大的地方设置隔离或围墙,尽量不要设高空掩体,防止参与者在野战运动过程中摔落、摔伤。

(2) 固定掩体要定期维护保养,防止有坍塌、脱离等情况发生,移动式掩体要定期检修维护,修补破损等。

(3) 掩体的材料尽量不使用铁器,掩体不能有尖锐物,防止撞伤、摔倒后碰伤,在地形平坦区域不建议挖战壕,战壕雨天不便排水,参与者容易摔伤。

(4) 无论是室内场地还是户外场地,最好不要让参与者一眼就能把整个场地看通透,要多设置一些便于隐藏、迂回的掩体,场地可设置两处指挥所或多个出入口,可供两队在开战前进行战前部署。

(5) 户外场地应事先勘察,确定没有安全隐患,清理地面杂物(石头、垃圾、树枝等),用警戒带规划出人员活动范围,防止活动人员迷失。在户外陡坡处设置警示牌和不得攀爬墙体警示牌。

(6) 林地的植被覆盖率不要过高,覆盖率过高会影响人员通过,而且茂密的植物丛中生活着各种生物,要尽量避开这类场地,减少安全隐患。

(7) 如果在热带地区开展,野外的防蛇工作要做好,应在场地内喷洒一些雄黄酒或驱蛇药剂。

(8) 场地的建设材料应该按要求标准建造,使用正规材料、正规设计、正规施工,结构要求坚固,夜战场地要配置灯光和音响,线路架设需要规范操作。

(9) 场地配备安全出入口、应急通道,在遇到突发事件时要利于人员疏散与撤离,在场地内安装一些监控器材,随时监控场内的情况。

(10) 场地内要禁止吸烟、饮酒,配备消防相关器材。

五、野战运动场地常用设计

随着野战运动的不断推广和发展,全国各地涌现出许多名目各异的相关比赛，也造就了许多小有名气的团体队伍，他们无疑是野战运动蓬勃发展的生力军。虽说比赛名目众多，但无外乎室内战和户外战两大形式。规范安全的场地是开展野战运动的基础和关键。当然，具体的场地变化较丰富，在此仅列举通常的野战运动场地设计。

（一）野战运动室内场地（图 7-1-1）

图 7-1-1　野战运动室内场地示意图

（二）野战运动室外场地（图 7-1-2）

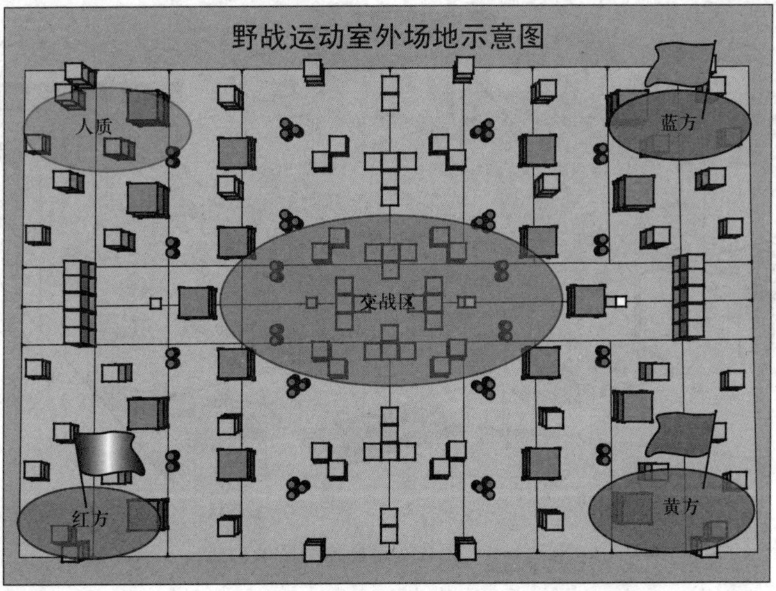

图 7-1-2　野战运动室外场地示意图

（三）国防教育基地野战运动场地（图 7-1-3）

图 7-1-3　国防教育基地野战运动场地示意图

（四）野战运动场地的区域功能（图 7-1-4）

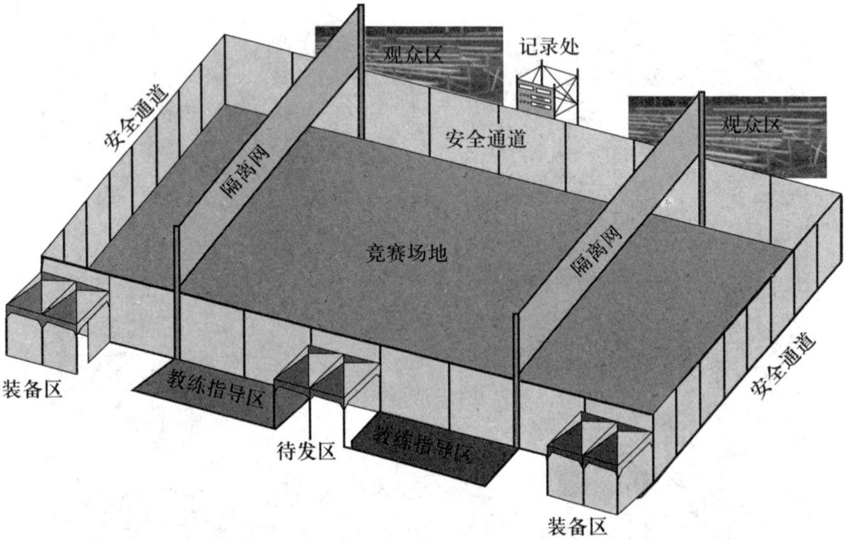

图 7-1-4　野战运动场地的区域功能

（五）野战运动场地的配套设施（图 7-1-5）

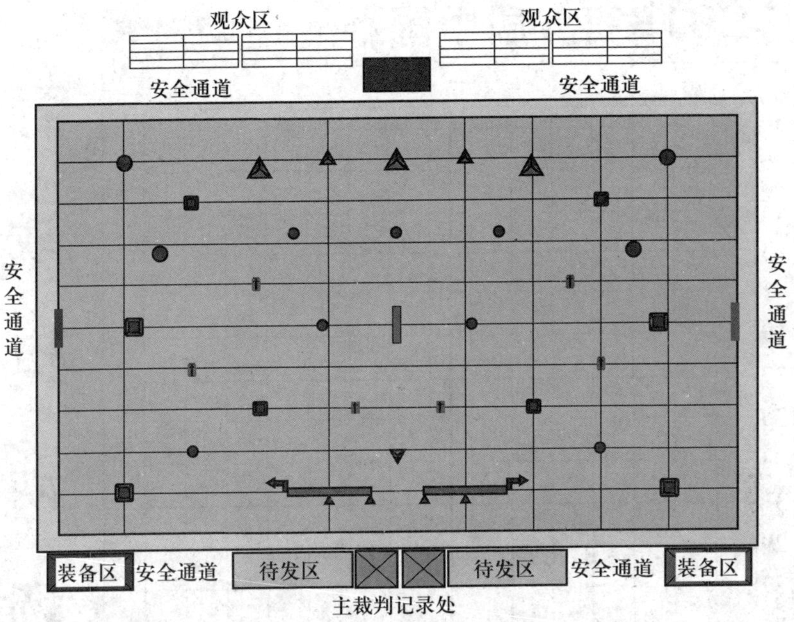

图 7-1-5　野战运动场地的配套设施

第二节　野战运动场地制图方法

(1) 使用 OCAD 软件，制作规定尺寸的底图（比例尺 1∶200，设定 1 厘米栅格线，两线之间实际代表 2 米），如图 7-2-1 所示。

(2) 在栅格线上面制作战术移动掩体，掩体间隔距离 5～7 米为佳，单一掩体高度要在 1.8 米左右（参加对象为青少年时，掩体高度为 1.5～1.8 米），宽度为 1.2～2 米，厚度因材质不同差异较大，常用尺寸为 0.4～1.2 米。首先设置好四分之一大小的场地，如图 7-2-2 所示。

(3) 设置好四分之一大小的场地之后，需要调整战术移动掩体的位置和角度。在任一掩体后面放置 1 位模拟战斗人员（图中用实心点代表）、射线模拟弹道。要考虑某一卡位不能通场射击，同时该位置要有至少 4 个以上可射击区域，参与者要有灵活的活动空间，如图 7-2-3 所示。

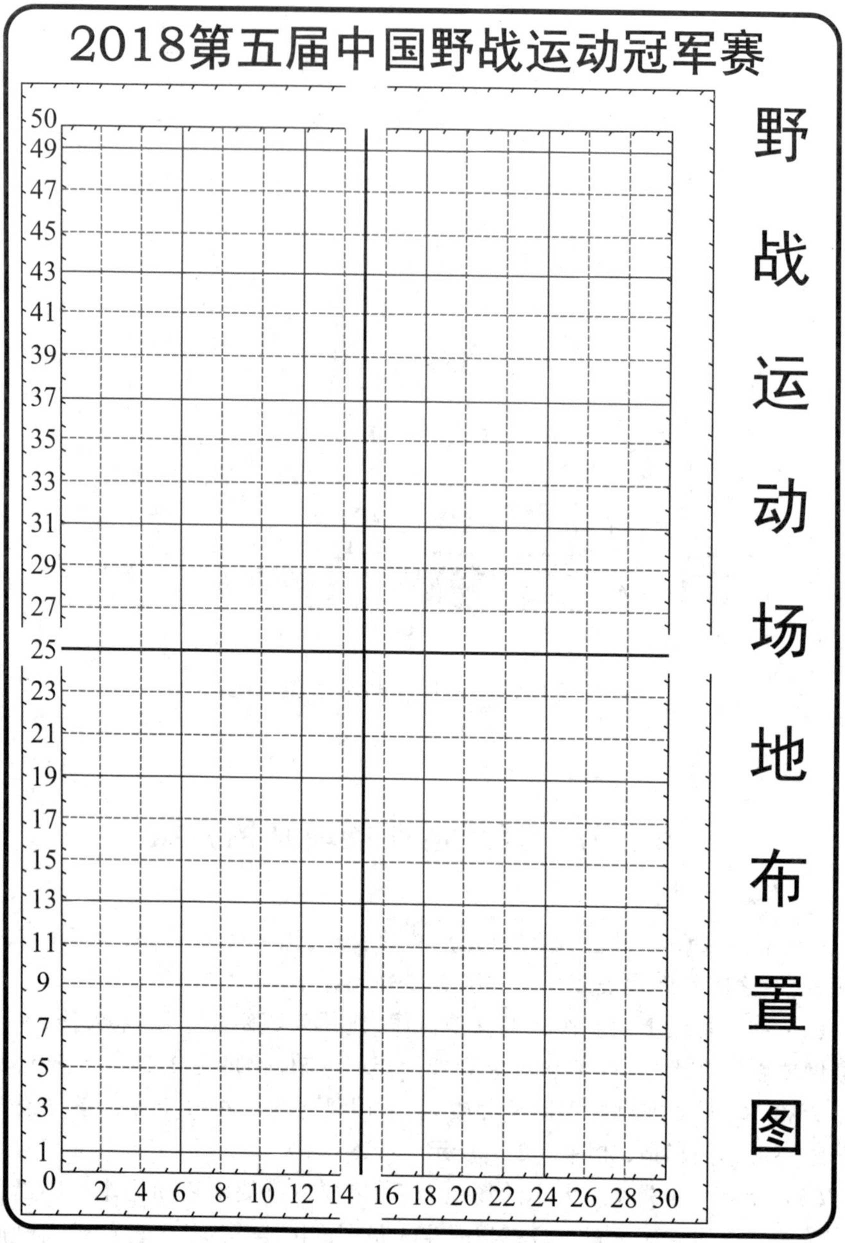
2018第五届中国野战运动冠军赛
野战运动场地布置图
50
49
47
45
43
41
39
37
35
33
31
29
27
25
23
21
19
17
15
13
11
9
7
5
3
1
0
2 4 6 8 10 12 14 16 18 20 22 24 26 28 30

图 7-2-1　画栅格线

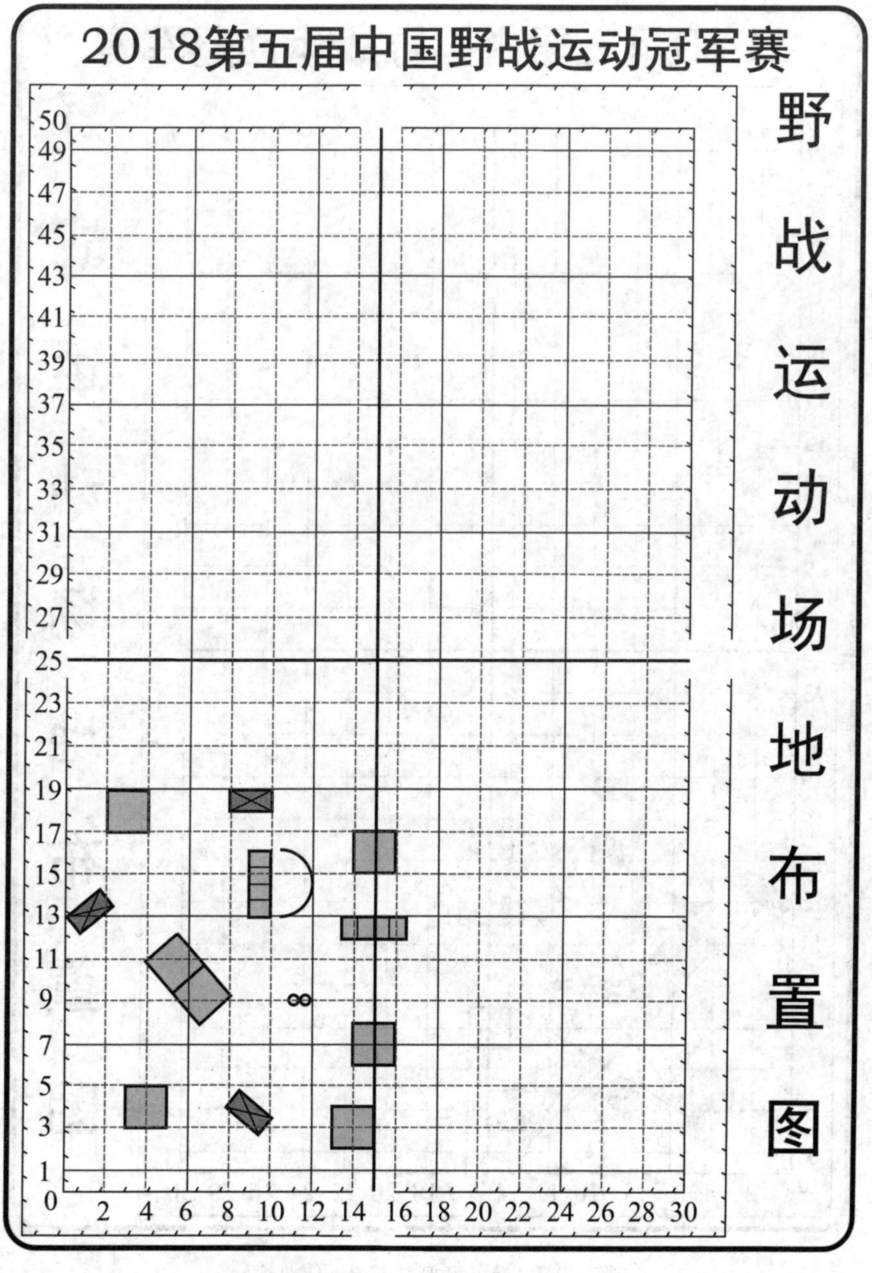

图 7-2-2　设计局域掩体位置

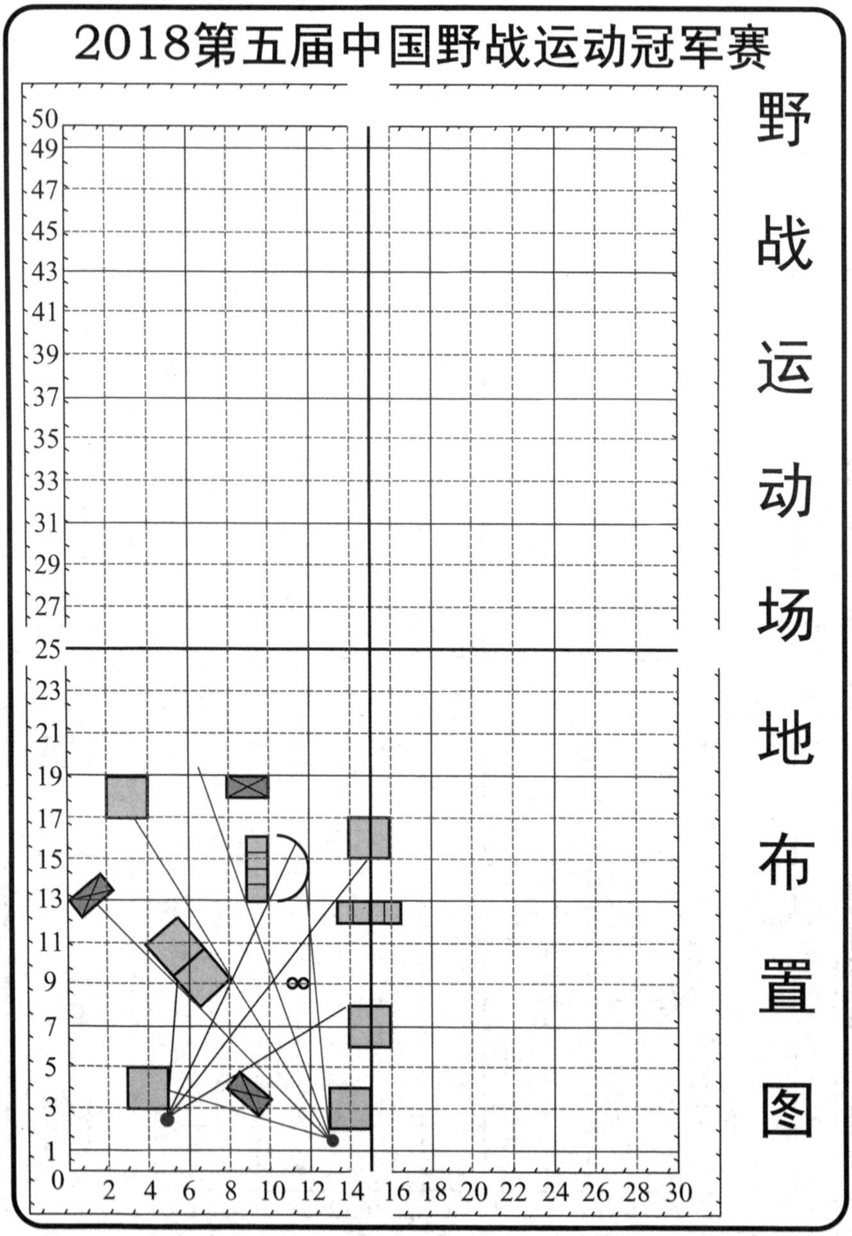

图 7-2-3　局域模拟射击图上作业检验

（4）调整好四分之一场地上的战术移动掩体的位置和角度之后，将左面所有战术移动掩体做一个镜像，使纵向中轴线左右对称，如图 7-2-4 所示。

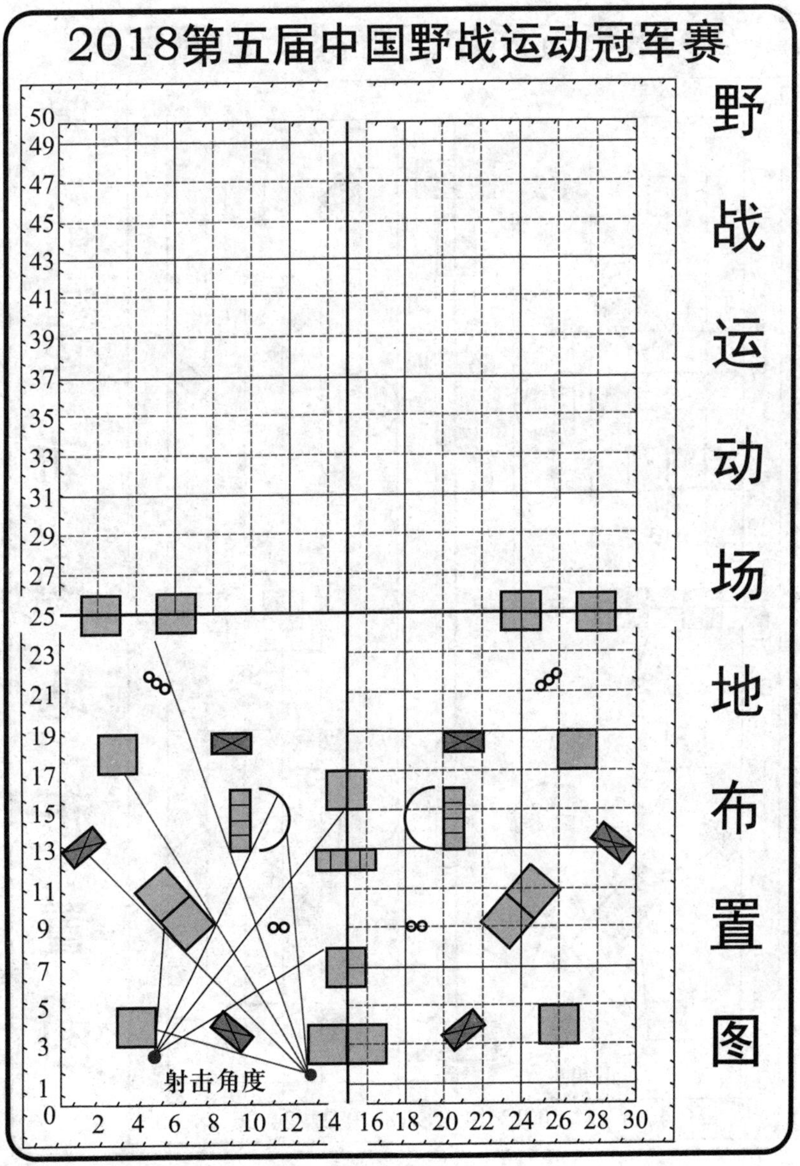

图 7-2-4　纵向中轴镜像

（5）调整好二分之一场地上的战术移动掩体的位置和角度之后，将下面所有战术移动掩体做一个镜像，使横向中轴线上下对称，如图 7-2-5 所示。

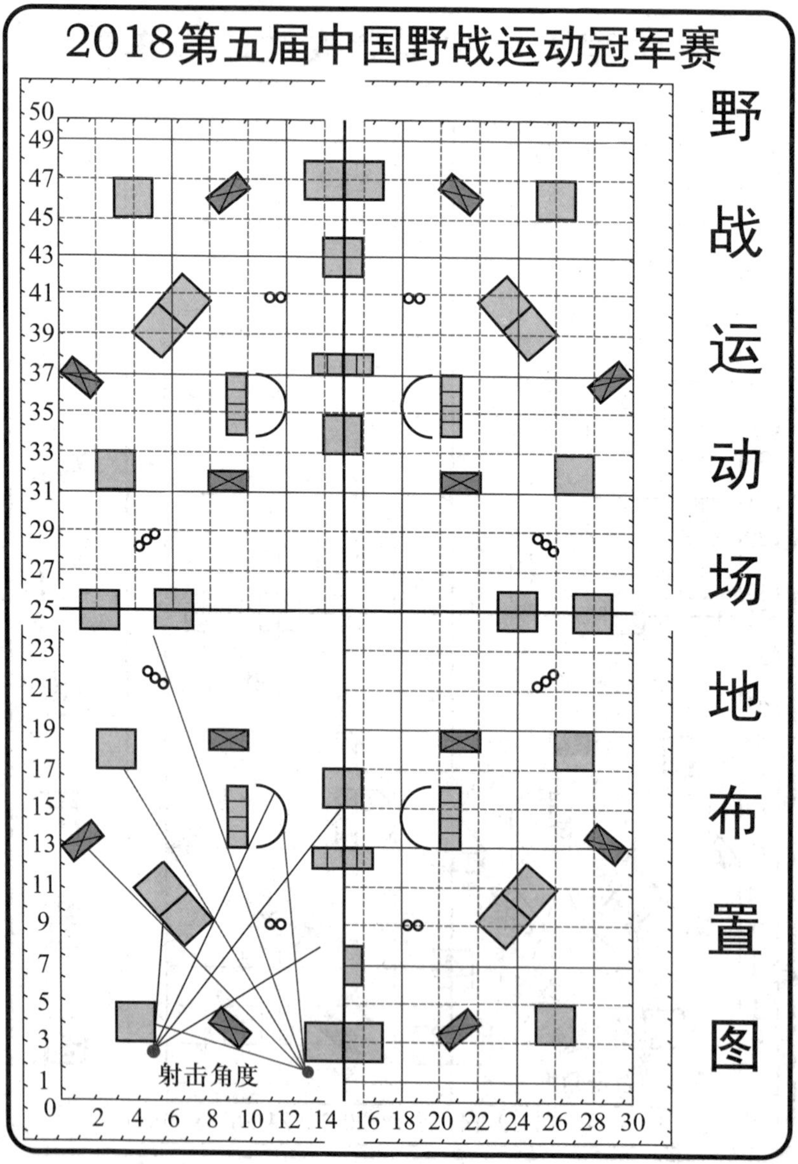

图 7-2-5　横向中轴镜像

（6）调整好四周战术移动掩体的位置和角度之后，开始布置中心区域，布置方法同上，布置好后的效果，如图 7-2-6 所示。

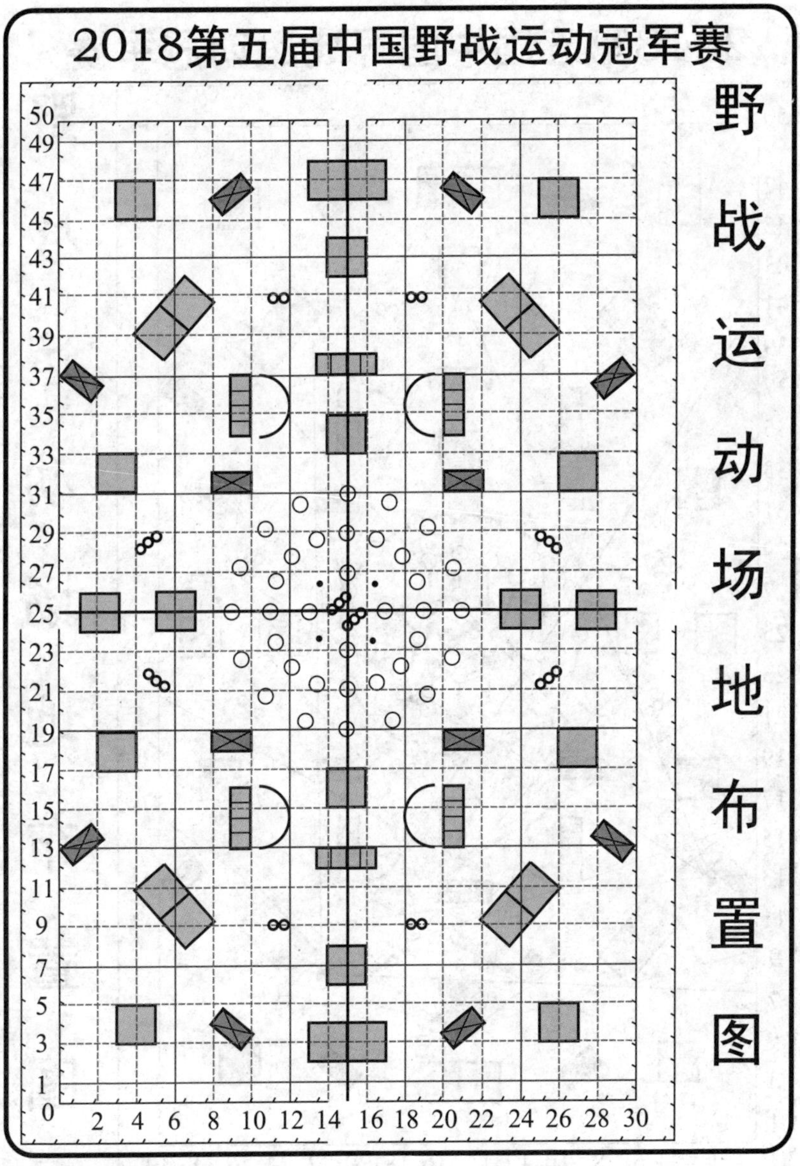

图 7-2-6　中心区域掩体位置设计

（7）布置好之后同样考虑所有战术移动掩体的射击角度和活动范围，便可以成为五人对抗赛比赛场地布置图了。此时还需要模拟双方 10 名参赛者的卡位情况和射击角度，如图 7-2-7 所示。

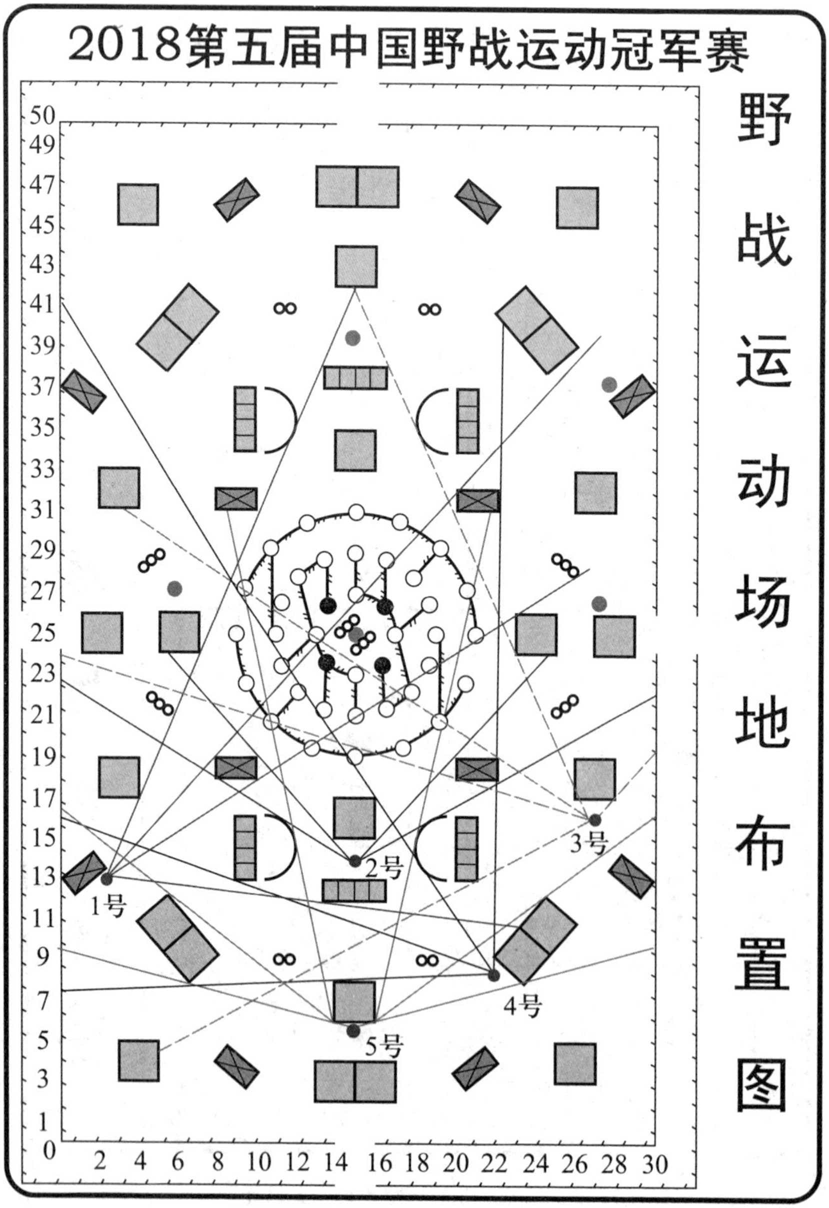

图 7-2-7　全局模拟射击图上作业检验

（8）五人对抗赛比赛场地布置图也可以考虑如下设计，更加直观生动，如图 7-2-8～图 7-2-11 所示。

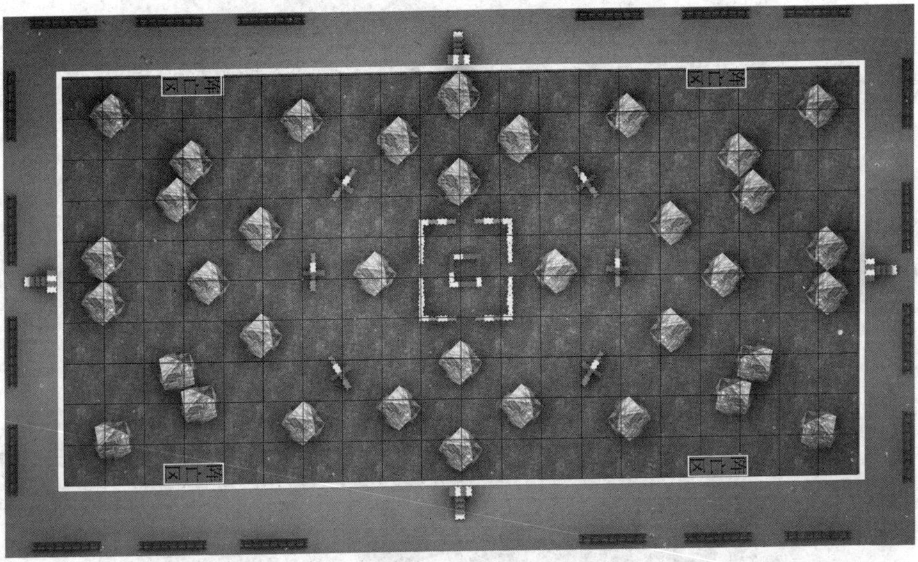

图 7-2-8　移动式场地俯视立体图

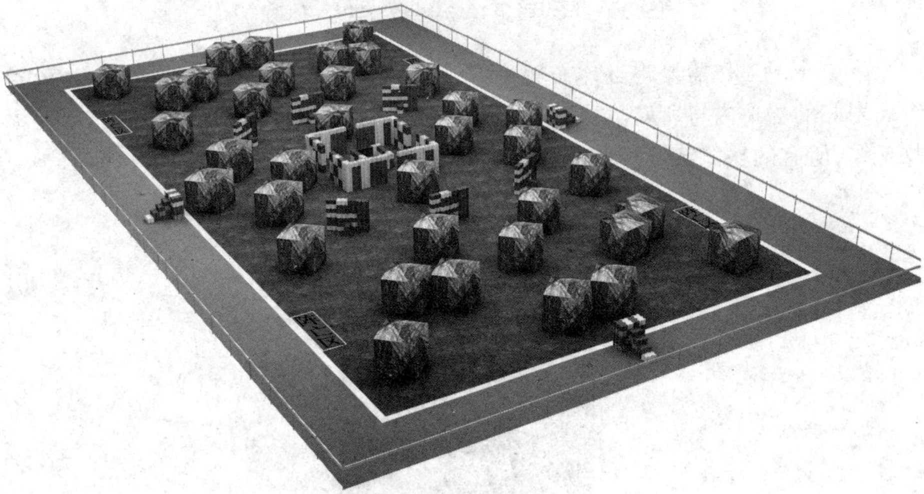

图 7-2-9　移动式场地 45°俯视立体图

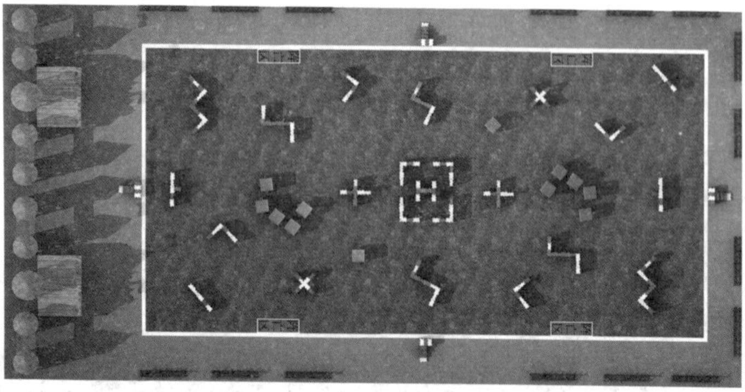

图 7-2-10　固定式场地俯视立体图

图 7-2-11　固定式场地 45°俯视立体图

(9) 余下工作需要将场地布置图打印几份,工作人员按照图上的标识在已经规划好的场地内将所有战术移动掩体摆放好,技术人员现场指导以及完工验收工作,所有的功能区域用警戒带连接起来,保留几个安全通道(图 7-2-12)。

图 7-2-12　实地布置场地示范

（10）如果考虑在同一块场地开展单人定点比赛，需要将中心区域做一些难度提升工作，将某些战术移动掩体用警戒带连接起来，保留几个可以通过的通道（图 7-2-13）。

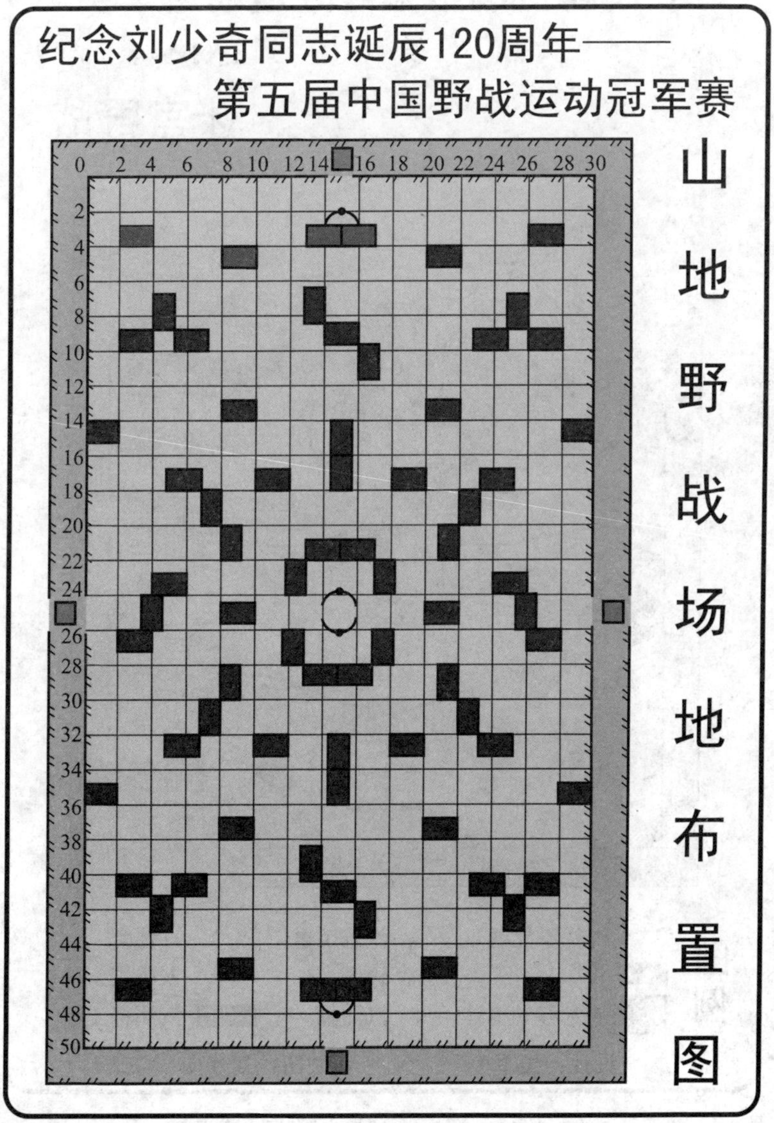

图 7-2-13　山地野战场地布置图

（11）做好以上工作，可以在图上标识出单人定点赛中要求的目标靶位和人质位置，同时将地图其他要素（如比例尺、图例、起点、终点及比赛相关信息等）填充完整（图 7-2-14）。

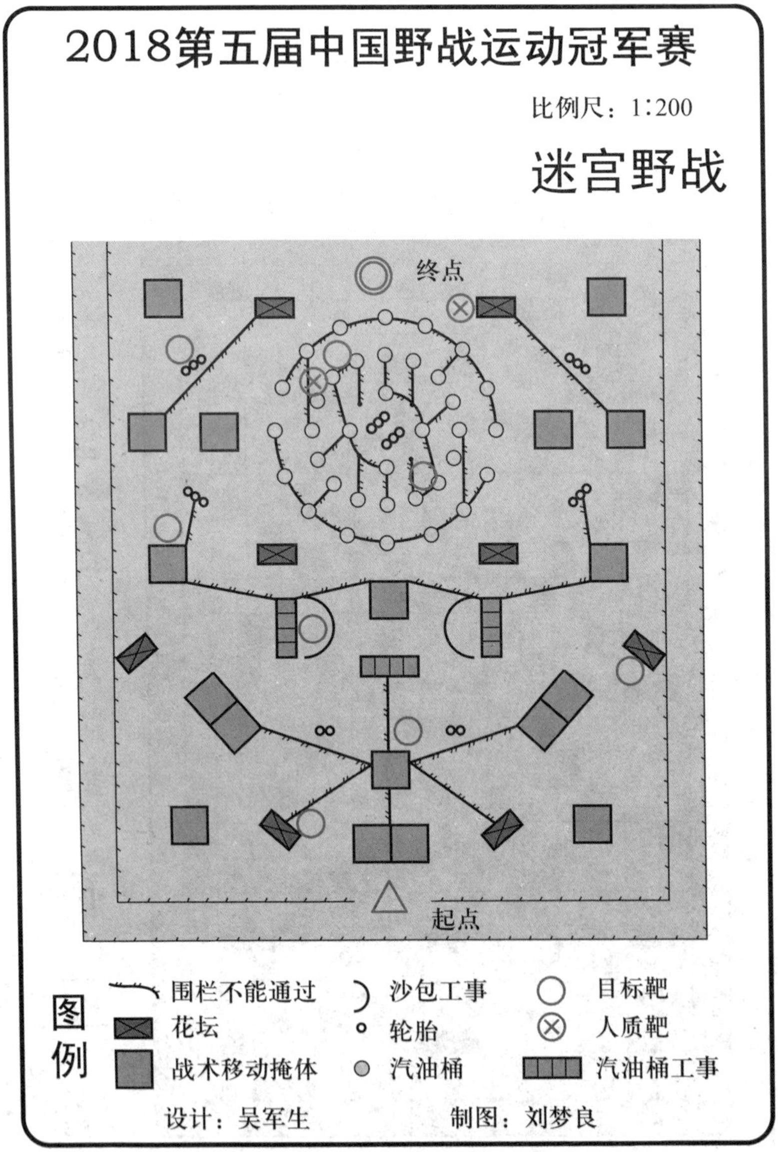

图 7-2-14　单人定点“迷宫野战”比赛用图

（12）开展野战定向运动比赛时，参考定向运动制图方法（图 7-2-15～图 7-2-18）。

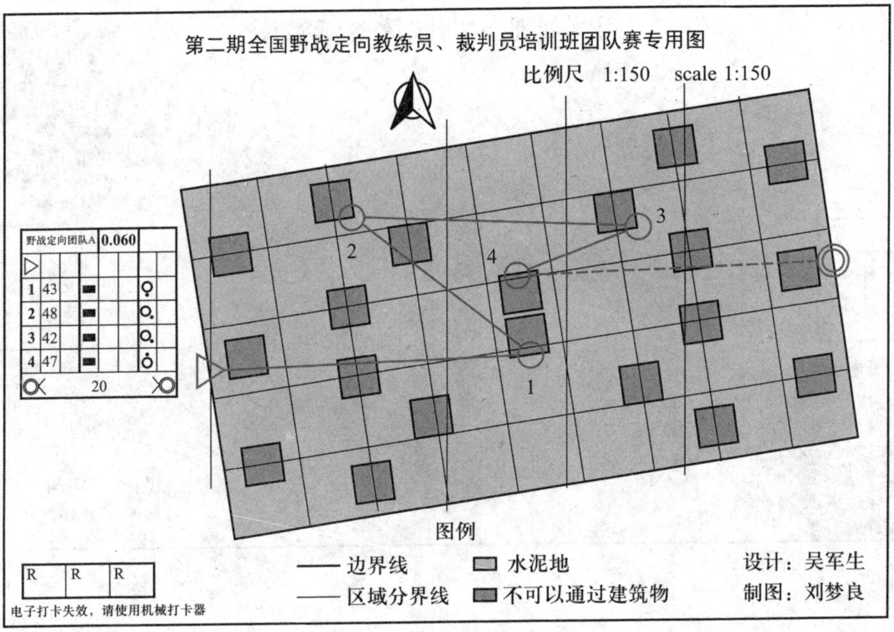
第二期全国野战定向教练员、裁判员培训班团队赛专用图
比例尺　1:150　scale 1:150
野战定向团队A
0.060
1 43
2 48
3 42
4 47
20
1
2
3
4
图例
边界线
区域分界线
水泥地
不可以通过建筑物
设计：吴军生
制图：刘梦良
R
R
R
电子打卡失效，请使用机械打卡器

图 7-2-15

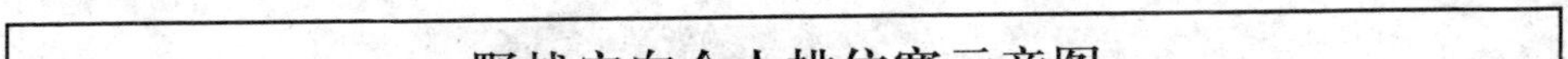
野战定向个人排位赛示意图
2
4
8
按照地图的指示前进
按照地图的指示前进
到达终点获得成绩
PK
3
6
PK
PK
PK
7
1
5
运动员在起点出发，按照《定向规则》依次到访每个点，go
运动员到达该地点，在该点进行激光器打点，击中目标，继续前进
运动员到达该地点，在该点进行激光器打点，击中目标，继续前进
设计：吴军生
制图：刘梦良

图 7-2-16

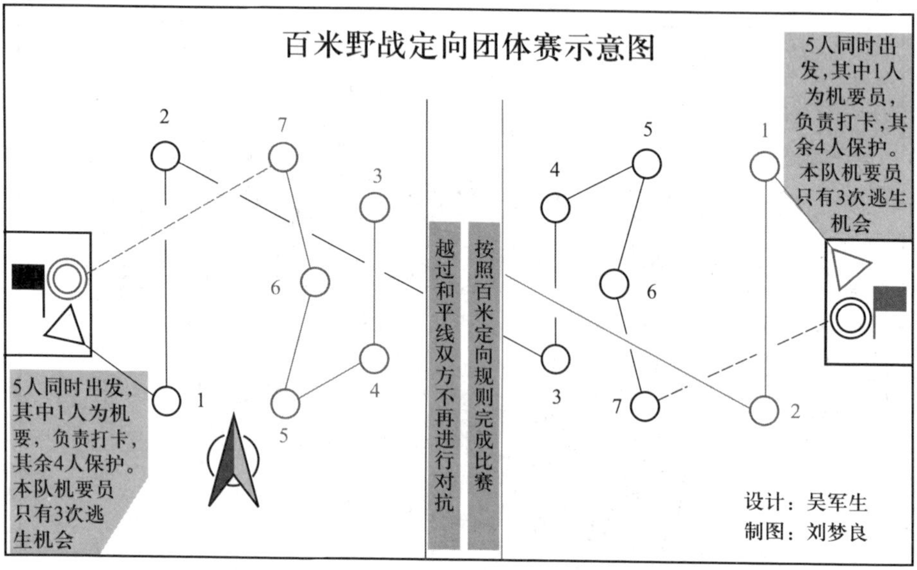
百米野战定向团体赛示意图
5人同时出发，其中1人为机要员，负责打卡，其余4人保护。本队机要员只有3次逃生机会
越过和平线双方不再进行对抗
按照百米定向规则完成比赛
5人同时出发，其中1人为机要，负责打卡，其余4人保护。本队机要员只有3次逃生机会
设计：吴军生
制图：刘梦良

图 7-2-17

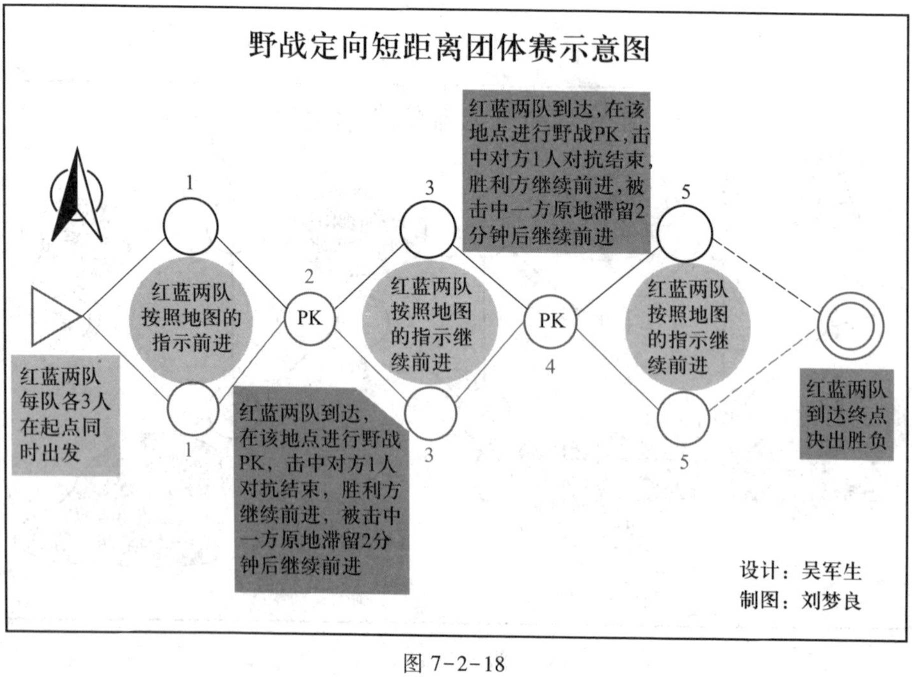
野战定向短距离团体赛示意图
红蓝两队到达，在该地点进行野战PK，击中对方1人对抗结束，胜利方继续前进，被击中一方原地滞留2分钟后继续前进
红蓝两队按照地图的指示前进
PK
红蓝两队按照地图的指示继续前进
PK
红蓝两队按照地图的指示继续前进
红蓝两队每队各3人在起点同时出发
红蓝两队到达，在该地点进行野战PK，击中对方1人对抗结束，胜利方继续前进，被击中一方原地滞留2分钟后继续前进
红蓝两队到达终点决出胜负
设计：吴军生
制图：刘梦良

图 7-2-18

第三节　野战运动场地图例

野战运动场地图例是指在地图上用统一规定的符号结合注记表示的实地野战运动场地内容，这些规定的图形符号叫野战运动场地图例，它构成野战运动地图的重要要素。

根据地图的符号和注记，可以了解野战运动场地的分布、性质、形状、位置、大小及其他资料。

一、野战运动场地图例的分类

按符号与实地野战运动场地相关掩体的比例关系，可以分为四类。

1. 依比例尺符号(又叫“轮廓符号”)

实地面积较大的野战运动场地，如居民区、自然场地、森林等，其外部轮廓是按比例尺缩绘的，内部文字注记是按配置需要填绘的。

2. 半依比例尺符号(又叫“线状符号”)

实地窄长的线状野战运动场地及相关掩体，如管道状掩体，人工布景中的道路、土堤、长城等，其长度是按比例尺缩绘的，而宽度不是按比例尺缩绘的。其转折点、交叉点位置按实地精确测定。

3. 不依比例尺符号(又叫“点状符号”)

不依比例尺符号表示的是实地上一些有方位意义的野战运动场地掩体，如突出树、亭、塔、特殊掩体等。其实地面积较小，不能按比例尺缩绘，只能用规定的符号表示。通过不依比例尺符号，可了解实地野战运动场地的性质和位置，但不能测量其大小。

4. 说明和配置符号

说明和配置符号是用来补充上述三种符号不能表示的内容，说明野战运动场地掩体某种情况，如表示人工布景中的各街区性质的晕线，江河流向的箭头，植被及土质分布特征，草地、果园、疏林、石块、桥、河宽深。

说明和配置符号只表示实地野战运动场地掩体的分布情况，并不表示野战运动场地掩体的真实位置和数量。

二、野战运动场地图例的有关规定

颜色的规定：为使内容层次分明，清晰易读，野战运动场地地图用不同颜色来区分地形的性质和种类，一般为四色图，如表 7-3-1 所示。

表 7-3-1　野战运动制图用图规范

颜色	使用情况
黑色（灰色）	人工物体——居民地、独立野战运动场地掩体、管线、垣棚、道路、境界及其名称与数量注记等
绿色	植被要素——森林、独立树、灌木丛、果园等的普染等
棕色	地貌要求——等高线及其高程注记、地貌符号（变形地）及其比高注记、土质特征、公路普染等
蓝色	水系要素——河流、湖泊、水池、消防设施、水网系统等

三、野战运动场地相关图例（图 7-3-1）

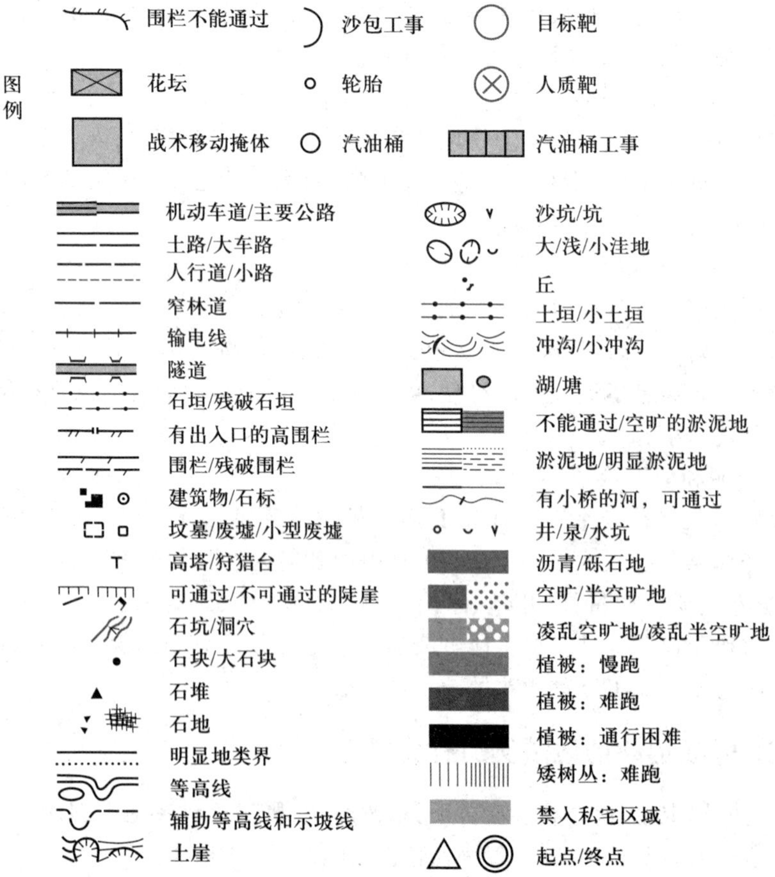

图 7-3-1　野战运动常用图例

四、野战运动地点概况图一般的标注图例(图 7-3-2)

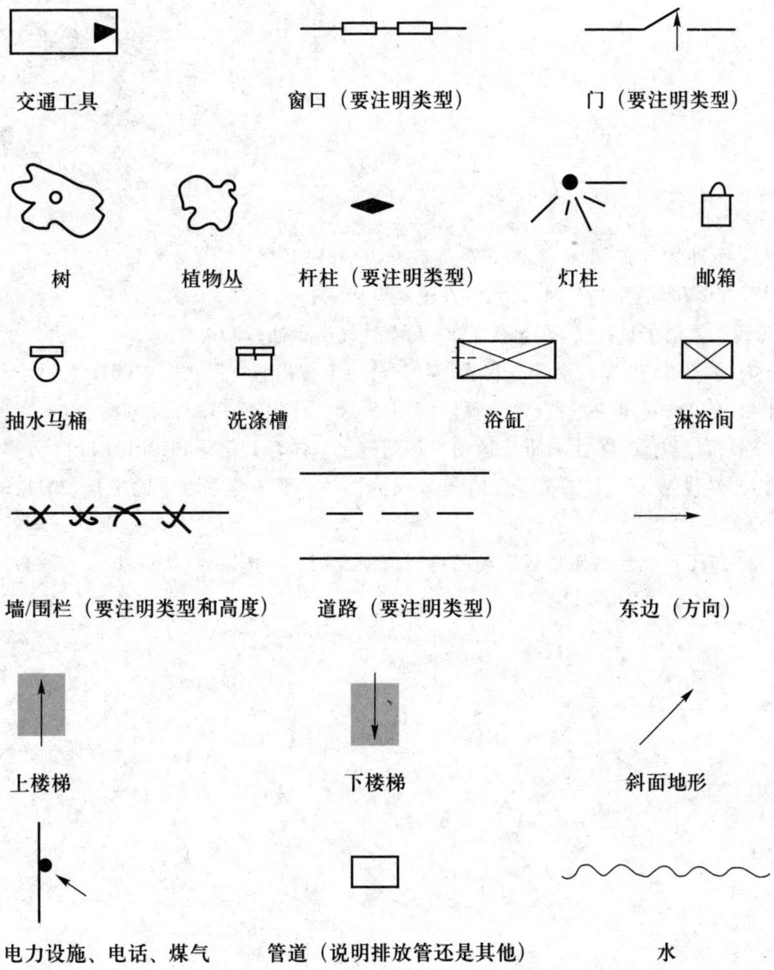

图 7-3-2　野战运动地点概况图例

参考文献

[1] 吴军生.户外教育教程[M].北京:高等教育出版社,2015.

[2] 中国野战运动竞赛规程[M].北京:人民体育出版社,2013.

[3] 何平.轻武器射击训练指南[M].天津:天津教育出版社,2001.

[4] 洪进华,彭可儿.70 个教学实务锦囊[M].香港:汇智出版有限公司,2007.

[5] 林才经.灾害现场求生术:自救与救治[M].北京:人民卫生出版社,2006.

[6] 陈发栋,蒋健保,刘菊.我国野战运动发展研究[J].体育文化导刊,2013(11):46-49.

[7] 吕彦,浦义俊.WARGAME 野战生存运动研究[J].军事体育进修学院学报,2011,30(03):94-97.

[8] 杨宝雷.高校开展常态性野战运动的可行性研究[J].科技视界,2017(01):63+89.